作者简介

王新刚，男，1980年生，河南确山人，企业管理博士。中南财经政法大学工商学院讲师，市场营销专业硕士研究生导师。在《管理世界》、《中国软科学》、《商业经济与管理》、武汉大学学报、中国MBA管理案例研究中心、《销售与市场》等发表论文30余篇。主持或参与国家级（教育部）自然科学基金项目6项，校级教改项目2项，横向课题4项。出版学术专著1部，主编教材2部，参编教材1部。曾获2010年教育部首届博士研究生学术新人奖，中南财经政法大学第六届青年教师讲课比赛二等奖。2009年6-9月和2014年9-11月在香港城市大学做研究助理，2011-2012年间挂职于湖北神农旅游投资集团，任总经理助理。

U0963664

珞珈经管论丛

国家自然科学基金面上项目：品牌丑闻跨国非对称溢出效应研究：基于国家形象构成要素视角（项目号：71572193）

国家自然科学青年基金项目：市场导向逻辑下企业社会责任“行为规范”及其管理研究（项目号：71202179）

国家社科基金青年项目：规范偏离视角下企业社会责任群体行为演化及其管理研究（项目号：15CGL021）

市场导向逻辑下企业社会责任行为规范及其管理研究

王新刚 著

WUHAN UNIVERSITY PRESS
武汉大学出版社

图书在版编目(CIP)数据

市场导向逻辑下企业社会责任行为规范及其管理研究/王新刚著.
—武汉：武汉大学出版社，2015.9
珞珈经管论丛
ISBN 978-7-307-16668-4

Ⅰ.市…　Ⅱ.王…　Ⅲ.企业责任—社会责任—研究—中国
Ⅳ.F279.2

中国版本图书馆 CIP 数据核字(2015)第 204755 号

责任编辑:唐　伟　　责任校对:李孟潇　　版式设计:韩闻锦

出版发行：**武汉大学出版社**　(430072　武昌　珞珈山)
(电子邮件：cbs22@whu.edu.cn　网址：www.wdp.com.cn)
印刷:武汉中远印务有限公司
开本：720×1000　1/16　印张:10.25　字数:147 千字　插页:2
版次:2015 年 9 月第 1 版　2015 年 9 月第 1 次印刷
ISBN 978-7-307-16668-4　定价:28.00 元

版权所有，不得翻印；凡购我社的图书，如有质量问题，请与当地图书销售部门联系调换。

前　言

“十一五”和“十二五”发展规划纲要指出：作为社会系统的重要组成部分，市场经济的主体和社会进步的推动者，企业履行社会责任对于和谐社会的建设与发展起着至关重要的作用。所以一直以来，企业社会责任就是营销领域研究的热点，不仅吸引了众多理论研究工作者的关注，而且还引起大量营销经理人的重视。因为研究表明：在现实生活中，尤其是发展中国家的消费者，在做出购买决策时，越来越看重企业的社会责任，并且他们对企业社会责任的感知将在很大程度上影响企业财务绩效及其品牌形象。为此，越来越多的企业开始不断加大对社会责任的改进和投入，但是各方调研机构的反馈表明，利益相关者尤其是消费者群体对企业社会责任的评价并未达到预期。

鉴于此，本书试图从现有的 CSR 行为的研究当中找到答案，结果发现以往学者对 CSR 行为的研究大多停留在金字塔层级模型上，侧重研究 CSR 行为是什么；而对于消费者眼中的 CSR 前台行为规范以及 CSR 前台行为偏离对品牌形象的影响缺少足够的重视。而关于消费者对 CSR 认知和情感反应的研究当中，较侧重于消费者态度、动机归因以及 CSR 与业务匹配等方面的研究，较少研究消费者对 CSR 行为的伪善感知。就情感而言，尽管以往学者针对品牌至爱、品牌依恋以及情感强度等变量进行研究，但它们大多聚焦于消费者对品牌的个人情感，而忽视了消费者对品牌的社会情感。为此，本书将以“市场导向逻辑下企业社会责任行为规范及其管理研究”为主题展开，具体从消费者视角和企业群体层面，研究 CSR 前台行为偏离对品牌形象的影响，并探讨企业伪善感知和消费者—品牌情感在其中所起的作用。

从调节变量来看，以往的研究主要聚焦于三个层面：消费者、企业和文化。对 CSR 行为的研究大多集中于单一来源国的品牌，而忽视了不同来源国（本国/国外）品牌间 CSR 前台行为的对比研究，最近在对内团体和外团体捐赠的研究中，暗示品牌来源国的不同将会影响消费者对 CSR 行为的认知和情感反应。从社会情景来看，以往学者较多地研究广告说服和服务补救等方面，却很少将社会情景（灾难/平时）引入 CSR 的研究方向。可研究表明：不同情景下所激发的消费者思维也存在着明显的差异。从文化层面来看，以往学者不过是结合霍夫斯塔德国家文化的五个维度，研究了不同国家文化背景下的消费者对 CSR 不同层面的侧重；较少从文化思维（例如：中庸/极化）的视角，研究 CSR 前台行为偏离对消费者认知和情感反应的影响。为此，本书将以 CSR 前台行为偏离—消费者认知和情感反应—品牌形象为主线，分别从品牌来源国（本国/国外）、社会情景（灾难/平时）和文化思维（中庸/极化）三个层面研究它们在 CSR 前台行为偏离方面对品牌形象的影响。

在拟剧论、社会规范和行为偏离理论的基础上，首先提出 CSR 前台行为，并根据拟剧论当中所提到的社会规范，从广义（主观）和狭义（客观）的层面，对 CSR 前台行为偏离进行分类。首先是 CSR 前台行为偏离的识别，主要按照统计上的少数群体的一致性来界定；其次是 CSR 前台行为偏离的方向和程度，主要按是否远远超出/低于群体行为规范的水平，是否远远超出/低于消费者内心的期望来界定，最终将 CSR 前台行为偏离划分为：超规范行为和低规范行为。再次在文献的基础上分别对消费者—品牌情感、企业伪善感知、品牌形象、品牌来源国、社会情景以及文化思维等变量进行了界定和操作化定义。最后在文献回顾以及逻辑推理的基础上，构建了本书研究的模型，并进行了假设的推理。

通过三个实验的研究发现：整体来看，CSR 超/低规范行为将激发消费者对品牌产生正面/负面的情感，两者呈正相关关系，并且进一步提高/降低品牌形象。CSR 超规范行为同时也提高了消费者对企业伪善的感知，两者呈负相关关系，并且进一步降低品牌形象。可 CSR 低规范行为由于自身具有较高的真实性，导致与企业伪善感知无显著相关。在引入品牌来源国这一调节变量之后，发现与本国品牌相比，当国外品牌履行 CSR 超/低规范行为时，所激发消费者—品牌的正面/负面情感相对更高/低，进而对品牌形象的正面/负面评价也更高/低。就企业伪善感知而言，与本国品牌相比，当国外品牌履行 CSR 超规范行为时，所激发消费者对企业伪善感知相对更低。当引入社会情景时，发现与平时情景相比，灾难情景下企业履行 CSR 超/低规范行为后，所激发的消费者—品牌正面/负面情感相对更高/低。就企业伪善感知而言，与平时的情景相比，当灾难情景企业履行社会责任超规范行为时，所激发的消费者对企业伪善的感知相对更低。当引入文化思维后，发现与中庸思维的消费者相比，在企业履行社会责任超/低规范行为时，极化思维的消费者所产生的正面/负面的品牌情感相对更高/低。就企业伪善感知而言，与极化思维的消费者相比，当企业履行社会责任超规范行为时，中庸思维的消费者对企业伪善的感知相对更高。

本书共分为导论、相关文献回顾、相关理论与 CSR 间的关系、研究模型及假设、研究设计及实证检验和总体结论六个章节。其中，第一章为导论部分：主要以自科项目申报书为基础，具体包括研究问题和研究意义，研究思路和技术方案。具体主要是结合营销实践的需要和营销理论的缺乏，提出研究问题；并在此基础上，清晰地阐述本书的研究思路，具体包括 CSR 前台行为规范体系是什么；CSR 前台行为偏离对品牌形象影响的过程和机制；在该过程当中有哪些调节变量；最后是根据研究内容设计具体的研究方案。

第二章为文献回顾部分：主要是通过对研究思路当中的主线，即 CSR 行为—消费者认知和情感—品牌形象进行梳理和评述，找出本书所要研究的理论缺口。具体包括四个方面的内容：企业社会责任行为、消费者认知和情感反应、企业品牌形象以及调节变量的相关文献。

第三章为相关理论基础：主要是基于模型构建的需要，寻找相关理论作支撑，具体包括市场导向、拟剧论、社会规范理论。并在此基础上，对各理论与 CSR 间的关系进行梳理评价分析。

第四章为模型构建和假设提出：主要是发展理论模型，以 CSR

前台行为偏离(超/低规范行为)为自变量，以消费者—品牌情感和企业伪善感知为中介变量，以企业品牌形象为因变量，以品牌来源国、社会情景以及文化思维为调节变量，同时在相关文献的基础上进行假设的推演。

第五章为实证检验：研究一主要探讨不同来源国(本国/国外)品牌履行 CSR 超/低规范行为对品牌形象的影响；研究二主要分析不同社会情景(灾难/平时)下企业履行社会责任超/低规范行为对品牌形象的影响；研究三主要讨论不同文化思维(中庸/极化)的消费者群体对 CSR 前台行为偏离—品牌形象影响过程中的评价差异。每个研究设计操作过程之后就是数据分析和小节讨论。

第六章为总体结论：在数据分析的基础上，对实验研究的结论进行总体概括，并结合战略和战术两个层面，对项目体系下未来需要研究的问题做系统的梳理并明确提出。之后针对企业究竟该如何履行社会责任行为提出建议和参考，在此基础上从 CSR 前台行为偏离的分类界定及测量，CSR 超/低规范行为对品牌形象影响的过程和机制，文化思维(中庸/极化)在 CSR 前台行为偏离—品牌形象影响过程中的作用几个方面论述了本书的理论贡献和管理启示。同时从研究设计当中样本的选择、CSR 超/低规范行为素材的选取以及情景的描述等方面指出研究局限，从 CSR 行为内涵、CSR 群体行为竞争等方面指出未来研究方向。

目　录

第一章 导 论

首先有必要说明的是，本书的研究为作者所主持的国家自然科学青年基金项目：市场导向逻辑下企业社会责任行为规范及其管理(71172207)的阶段性成果。为了说明该项目研究的总体框架，同时也为了说明本书后续的具体研究与该项目间的关系。在第一章内容写作过程中，我们以作者所获得国家自然科学青年基金项目申报书为基础，进行修改而完成，主要说明该项目研究的总体思路和内容体系，为后面章节具体研究的展开提供方向和铺垫。本章主要包括问题提出和研究意义、研究思路和技术路线两个小节的内容。

第一节 问题提出和研究意义

一、问题提出

国家“十一五”和“十二五”发展规划纲要指出：作为社会系统的重要组成部分，市场经济的主体和社会进步的推动者，企业履行社会责任对于和谐社会的建设与发展起着至关重要的作用。尽管在2008年汶川地震、冰雪灾害、三聚氰胺等事件发生之后，社会各界尤其是企业界大大加强了在社会责任方面的投入和改进，但是中国社科院2011年11月发布的《中国企业社会责任报告》显示：在所调查的国企、民企和外企三类共300家有代表性的大企业当中，绝大多数企业社会责任(以下简称CSR)信息披露不全面、不准确、不及时，CSR行为缺乏系统的事前管理。在满分100分的情况下，它们的平均得分仅为19.7分，而且其中有205家企业是旁观者，占总数量的近七成。

对此，民政部社会福利促进司司长王振耀在接受《中国经济周刊》采访时谈道：造成这样结果的原因，并不是说整个社会的企业“不愿”承担社会责任，而是“不会”承担社会责任，这个“不会”已成为企业履行社会责任的最大挑战。与此呼应的是，在2011年12月17日所举办的中国·企业社会责任峰会上，企业该如何履行社会责任行为成为此次会议讨论的核心问题①。显然，CSR的较大投入和改进并未如期获得良好的品牌绩效和竞争优势，也因此有了“不会”和“如何”履行社会责任的说法和讨论，其主要原因在于对CSR行为的输出缺乏科学系统的理论指导。

这一点可以通过文献的回顾得以证实：(1)以往学者对CSR行为的研究大多停留在金字塔层级模型上(Carroll，1991)，而对于消费者眼中的CSR行为规范及CSR行为偏离缺少足够的重视。(2)以往学者大多侧重于研究什么是正确的事(CSR的定义和内涵)，而较少研究如何聪明地做正确的事(Smith，2003)，即如何运用不同类型的CSR前台(化)运作模式进行沟通与展示。(3)以往学者对正面CSR行为的研究大多集中于个体层面(Longinos等，2009)，而较少从群体层面研究如何利用CSR行为比较获取持续的竞争优势。

鉴于此，不同于以往的研究，本书拟按照市场导向的逻辑，视CSR行为为一种社会产品，以消费者需求和群体竞争为导向，结合社会规范、拟剧论以及社会比较理论，重点从企业个体角色、群体互动以及社会期望三个层面的行为规范，讨论企业究竟该如何输出CSR行为才能获得良好的品牌绩效和竞争优势。

选择消费者需求为导向的根本原因在于：作为CSR行为供给方的企业和需求方的消费者，在对CSR行为及其规范的认知和理解上存在较大的偏差和不对称。例如：零点调查公司(2007)对980家企业和3201名消费者的调查研究发现②，在CSR行为重要性排序方面，企业与消费者之间存在着天壤之别。不仅如此，在2008

① 资料来源：http：//www.xinhuanet.com/gongyi/zt/2011qyshz.

② 资料来源：http：//news.qq.com/a/20070104/002409.htm.

年汶川地震期间，万科捐款200万元却遭媒体及公众的炮轰与讨伐；诺基亚捐赠300万元和5000部手机，却以排名第二的身份挂在了“国际铁公鸡”的排行榜上。

以群体竞争为导向的根本原因在于：营销实践中，大多数企业未能正确有效地利用CSR行为获取持续的竞争优势。例如：在中国社科院2011年11月发布的《中国企业社会责任报告》中，课题组根据CSR发展的阶段特征，将企业分为五类：卓越者、领先者、追赶者、起步者和旁观者。然而，调查结果显示：在所调查的国企、民企和外企三类共300家代表性的大企业中，卓越者只有1家，而领先者也不过23家。

那么，企业该如何做才能在最大程度上消除与消费者在CSR行为上的认知偏差和不对称呢？又该如何正确有效利用CSR行为输出获取持续的竞争优势呢？

在这两方面，社会规范、拟剧论以及社会比较理论恰恰能够很好地为我们做出诠释和回答。因为社会规范理论有助于企业在个体角色、群体互动以及社会期望三个层面，深刻理解和把握消费者对CSR行为规范的需求（黄敏学等，2008）。在此基础上，可以借助拟剧论进一步加强CSR前台行为沟通与展示的能力（Wagner等，2009），并通过社会比较理论当中的同化和对比效应，获取持续的竞争优势（费显政等，2010）。综上所述，在市场导向逻辑指导下，本书拟重点从CSR行为规范、CSR前台（化）行为以及CSR行为比较三个方面，系统科学地讨论并回答企业究竟该如何输出CSR行为，才能获得良好的品牌绩效和持续的竞争优势，进而加强和谐社会的建设与发展。

二、研究意义

由上述材料不难看出，营销实践当中有关CSR的问题迫切需要解决，因为它对于和谐社会的发展与建设起着举足轻重的作用。而本项目围绕着企业究竟该如何输出CSR行为，才能获得良好的品牌绩效和持续的竞争优势这一核心问题展开讨论，具有重要的理论价值和现实意义。

（一）理论价值

（1）以一个崭新的视角——视 CSR 行为为社会产品，以消费者对 CSR 行为及其规范的需求和 CSR 行为群体竞争为导向，从战略层面弥补了现有文献对 CSR 行为导向研究的不足和局限。

（2）以社会规范理论为基础，分别从个体角色、群体互动以及社会期望三个层面，探讨 CSR 行为规范体系及 CSR 行为偏离对品牌绩效的影响，深化了现有文献从信息和不同层面对 CSR 行为的研究。

（3）引入拟剧论研究不同类型的 CSR 前台（化）行为运作模式及其对品牌绩效的影响，从印象管理的视角丰富和完善了 CSR 行为输出的相关理论。

（4）借助社会比较理论，从同化/对比效应着手，分析 CSR 行为发讯/受讯企业间的互动与竞争，将研究对象的层次从企业个体层面提升至企业群体层面。

（二）现实意义

（1）从战略层面来看，以消费者对 CSR 行为及其规范的需求和 CSR 行为群体竞争为导向，给企业履行社会责任行为指明了方向，有助于企业更加顺利地将 CSR 融入营销战略。

（2）从战术层面来看，对企业个体角色、群体互动以及社会期望三个层面行为规范的研究，让 CSR 行为输出变得更加具有针对性；而在拟剧论的指导下，会让 CSR 行为的前台沟通与展示变得更加具有操作性和有效性；最后是同化和对比效应的应用与分析，将会使 CSR 行为的输出变得更加具有策略性。

（3）从 CSR 的影响结果来看，战略和战术两个层面系统科学的研究，不仅将有助于企业绩效的提升，还将促进和谐社会的建设与发展。

三、研究目标

本项目拟按照市场导向的逻辑，重点从 CSR 行为规范、CSR

前台(化)行为以及CSR行为比较三个方面，深入研究并回答“企业究竟该如何输出CSR行为，才能获得良好的绩效和持续的竞争优势”。具体研究目标如下：

第一，以社会规范理论为基础，从个体角色、群体互动及社会期望三个层面建立CSR行为规范体系，并对CSR行为进行分类界定和发展相应的测量工具；

第二，以社会比较理论为基础，研究CSR行为发讯企业与受讯企业间相互影响及作用的机制，并回答企业如何通过CSR行为输出获取持续的竞争优势；

第三，以拟剧论为基础，研究CSR前台行为的运作模式以及如何对CSR前台行为的沟通与展示进行管理，才能获得良好的企业绩效。

第四，探讨当CSR行为分别低于、符合或超过上述三个层面的行为规范时，它对品牌绩效产生影响的过程和机制；同时，研究不同CSR前台行为模式对品牌绩效影响过程中存在哪些中介和调节变量。

四、创新之处

本书具有以下特色与创新之处：

(1)本书基于社会规范理论，从企业个体角色、群体互动及社会期望三个层面，探讨“CSR行为规范体系及CSR行为偏离对品牌绩效的影响过程和机制”这一问题，无论是研究视角还是研究内容，均具有一定的开拓性，创新性比较明显。

(2)以往有关前台(化)行为的研究大多集中在社会学和公共管理领域，本项目将研究对象定位于CSR行为的输出，从拟剧论的视角探讨“CSR前台(化)行为运作模式及其对品牌绩效的影响过程和机制”这一问题，不仅拓展了CSR行为输出的相关理论，而且还能有效指导实践当中CSR行为的前台沟通与展示。

(3)不同于以往的研究，本项目针对正面CSR行为，将研究层次由企业个体上升至企业群体，从社会比较视角探讨“CSR行为群体间互动竞争的影响过程和机制，并且深入研究企业该如何借助

CSR 行为的输出获取持续的竞争优势”。这也是本项目的创新和特色之一。

第二节　研究思路和技术路线

一、研究思路

本项目拟按照市场导向逻辑，重点从战术层面对 CSR 行为规范、CSR 前台(化)行为以及 CSR 行为比较三个方面进行探讨，深入研究不同类型的 CSR 行为输出对品牌绩效影响的过程和机制。为此，本项目提出如图1-1所示的理论研究思路。

该思路的基本逻辑是：首先，从行为规范和拟剧论视角对 CSR 行为进行分类。以行为规范理论为依据，从个体角色、群体互动和社会期望三个层面着手，将 CSR 行为划分为超/低规范行为；以拟剧论为依据，将 CSR 行为(正面/负面 & 主动/被动)划分为正面/负面前台行为、正面/负面前台化行为。其次，研究两种视角下不同类型的 CSR 行为对消费者认知和情感的影响。从认知层面来看，不同类型的 CSR 行为将会对消费者的记忆、真实性感知等产生不同的影响；从情感层面来看，除了正面/负面的情感之外，不同类型的 CSR 行为还会激发消费者其他的具体情感。然后，分别从生理和心理的层面，以消费者认知和情感反应为两条主线，研究消费者对 CSR 行为发讯/受讯企业品牌或产品层面的评价。以上是本项目的研究主线，具体如图 1-1 中粗线所示。

除此之外，鉴于“企业究竟该如何输出 CSR 行为，才能获得良好的绩效和持续的竞争优势”这一问题未被系统探讨和回答的事实，本项目还将研究在不同类型的 CSR 行为对消费者认知和情感影响的过程中，存在哪些调节变量。例如：CSR 行为动机(利己 & 利他)、情景因素(灾难 & 平时)、文化导向(中庸 & 极化)，等等。与此同时，还将以社会比较理论为基础，研究在消费者认知和情感对 CSR 行为互动企业评价影响的过程中，存在哪些因素能够影响消费者向上/向下比较过程中同化/对比效应的思维模式。对这些问

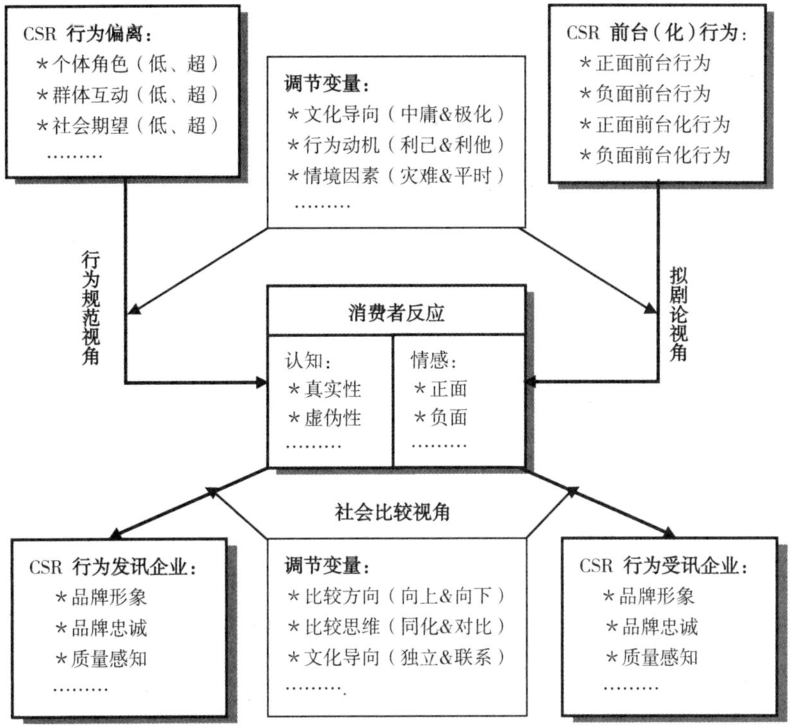

图 1-1 本项目理论研究框架与思路

题的回答将更加深入地揭示 CSR 行为对企业(发讯 & 受讯)绩效影响的过程和机制，清晰地呈现 CSR 行为的治理思路和管理逻辑，使企业真正清楚"如何从战略和战术两个层面，系统科学地输出 CSR 行为，才能获得良好的绩效和持续的竞争优势"。

二、研究内容

基于上述研究思路和框架，本项目的研究内容主要包括以下五个方面：

1. 行为规范和拟剧论视角下，CSR 行为的分类、界定及测量

首先，从行为规范理论来看，要弄清个体角色、群体互动以及社会期望三个层面上，CSR 行为规范的具体依据是什么。例如：

从个体层面来看，国有、民营和外资的CSR行为规范是否存在差异？纯真和兴奋品牌之间呢？从群体层面来看，CSR行为是选择从众还是差异化？从社会层面来看，CSR行为规范是情理法还是法理情？在弄清楚各层面CSR具体行为规范之后，将依据此标准对CSR行为进行分类。如前文所讲，当CSR行为符合每个层面的具体标准时，称为CSR规范一致行为；当CSR行为与每个层面的具体标准不一致时，称为CSR偏离行为。然后，再根据CSR偏离的方向，将其划分为CSR超/低规范行为。最后，通过探索性分析发展可测量的问项，对每个层面上的CSR超/低规范行为进行测量。

其次，从拟剧论的视角来看，项目组认为前台行为与后台行为是相对的，如果有公众闯入后台，后台就变成了前台。因此，在本项目当中，CSR前台行为专指主动而为的前台沟通与展示行为；CSR前台化行为专指后台行为被高度曝光于前台的行为。对于CSR行为来说，后台行为显然不能对企业绩效产生较强的影响。所以，本项目拟选择前台和前台化行为作为研究对象。尽管如此，但这并不代表CSR前台行为分类的结束。因为前台的表演也是需要剧本(行为规范)的，如果CSR行为符合或超过具体的标准则可称为正面的CSR行为；反之，则可称为负面的CSR行为。若将两者结合可划分为四种CSR行为类型：正面/负面的CSR前台行为、正面/负面的CSR前台化行为。

尽管以往学者从社会规范和拟剧论两方面提出了理论依据，但如何将这些理论应用至CSR行为沟通策略当中，需要进一步研究：

(1)以社会规范理论为基础，从个体角色、群体互动以及社会期望三个层面来看，CSR行为的具体规范是什么？如何对CSR规范一致行为和CSR偏离行为进行界定与测量？更进一步来看，又该如何对CSR超/低规范行为进行界定与测量？

(2)拟剧论视角下，该如何对CSR行为的前台与后台做出界定？CSR前台行为和CSR前台化行为区分的界限在哪里？CSR前台行为沟通与展示的具体规范又是什么？该如何依据前台行为规范将CSR行为区分为正面/负面的CSR行为，并发展测量的工具？

(3)无论是从行为规范理论视角还是从拟剧论视角来看，在对CSR行为进行分类、界定及测量的过程中，有哪些因素在其中起影响作用？该如何理清这些因素，从而对CSR行为做出清晰的分类、界定和测量？

2. 行为规范视角下，CSR行为偏离—消费者反应—企业绩效间的关系

根据研究1的内容，行为规范视角下CSR行为首先可以被区分为CSR规范一致行为和CSR规范偏离行为。实际上，CSR规范一致行为是基于合法性视角的一种选择，让CSR行为符合各个层面的行为规范，以此来获取合法性的身份，进而得到公众的认可。但这样一来，从媒体的视角来看，如果所有企业都选择采用CSR规范一致行为，那么企业将失去公众的眼球和关注。因此，也有不少企业选择CSR行为偏离，希望借此获得良好的社会声誉。但由于企业资源和高层管理者对CSR价值取向的不同，CSR行为的输出有可能会低于、符合或超出各个层面上的行为规范。那么，由此将会对企业绩效分别产生什么样的结果呢？其中的过程与机制是什么呢？

由图1-1不难看出，三个层面上CSR超/低规范行为将分别会从认知和情感两条主线激起消费者的反应，进而体现在对企业绩效的评价上。具体来看，在认知方面，CSR低规范行为有可能会提高消费者的真实性感知，原因在于CSR低规范行为大多是利己的，而消费者恰恰更倾向于认为企业履行社会责任行为是利己的(Ven和Graafland，2006)。而CSR超规范行为有可能会提高消费者的伪善性感知，原因在于过分利他会让消费者产生伪善的感知(Valenzuela和Mellers，2010)。在情感方面，CSR超/低规范行为有可能会激发消费者的正面/负面情感，原因在于超/低规范行为超出/低于了行为规范的要求，让消费者感到满意/不满意。然后，消费者在认知和情感方面的反应将进一步影响他们对企业绩效的评价。

然而，营销实践中，即便是不同层面同一个CSR超/低规范行为，不同的消费者也有可能会给出不同的评价(见图1-2)。原因在

于 CSR 本身属于道德范畴的问题，消费者的道德意识形态、消费者对 CSR 超/低规范行为的动机（利他 & 利己）感知以及消费者大脑中的文化导向都有可能会影响他们的评价。例如：持东方文化中庸思维的消费者就可能倾向于 CSR 规范一致行为，不支持 CSR 规范偏离行为，因为它们会打破社会的平衡与和谐；而持西方文化中极化思维的消费者则相反（Incheol 等，2007）。

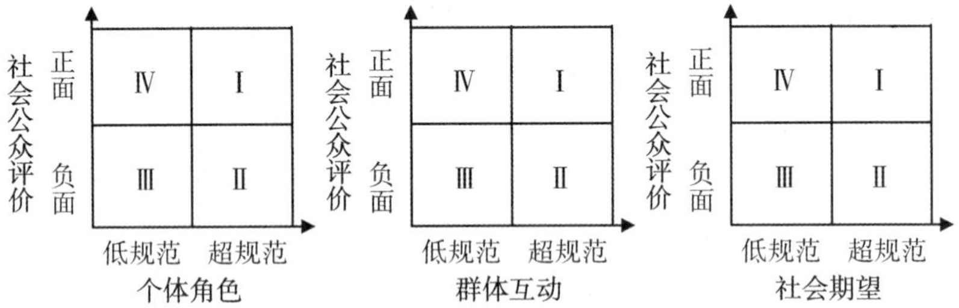

图 1-2　不同层面 CSR 行为偏离

3. 拟剧论视角下，CSR 前台（化）行为—消费者反应—企业绩效间的关系

根据研究 1 的内容，拟剧论视角下，CSR 行为可划分为：正面/负面前台行为、正面/负面前台化行为。之所以会有这样四种分类，主要在于企业在履行社会责任时，其前台沟通与展示的策略和能力不同。不少企业为了能够吸引媒体和公众的眼球，让其 CSR 行为产生一定的社会声誉，常常会主动采取正面的前台行为；但部分企业往往会因为前台沟通与展示的能力不足而最终导致负面的前台行为。为此，也有部分企业选择正面的 CSR 后台行为，但这种行为并不会给企业带来较大的社会绩效，因为媒体和公众的意外闯入常常会将 CSR 后台行为曝光于前台，而最终导致 CSR 前台化行为的发生。在此过程中，CSR 行为的效价（正/负）、反应（主动/被动）和诉说来源（自己说/他人说）的不同，将会引起消费者怎样的认知和情感反应呢？上述四种 CSR 行为对企业绩效影响的过程和机制是什么呢？

CSR 前台(化)行为与企业绩效间的关系如图 1-3 所示。

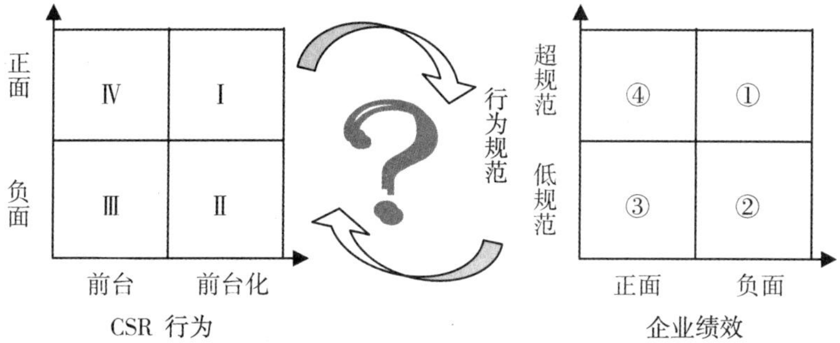

图 1-3　CSR 前台(化)行为与企业绩效间的关系

研究暗示：正面的 CSR 前台(化)行为将激起消费者正面的情感反应，而负面的 CSR 前台(化)行为将导致消费者负面的情感反应(Francine 等，1995)。但其中由于企业对 CSR 行为的反应和诉说来源不同，消费者对其认知也会有差别。例如：正面的 CSR 前台行为在沟通过程中常常是先说后做或者是说和做在同一时间内；而正面的 CSR 前台化行为则常常是做了再说或者由他人来说，这样会让消费者感觉到更加真实。负面的 CSR 行为则恰恰相反，其前台行为常常因为是自己主动说而让消费者感觉到更加真实，其前台化行为则常常是因为媒体曝光被动地说而让消费者感觉到更加具有欺骗性。

4. 社会比较视角下，不同类型 CSR 行为—消费者反应—企业绩效间的关系

显然，在营销实践当中，CSR 行为并非存在于单一企业，而是存在于企业群体，包括国有企业、民营企业、外资企业，大企业和中小企业，等等。在这些企业当中，CSR 行为作为社会产品所引发的竞争不仅存在于行业内直接相关的企业间，甚至还存在于行业外无关的企业间。之所以会出现这样的局面，原因在于 CSR 群体行为间会产生社会比较，一种是事前对 CSR 行为的期望比较，另一种是事后对 CSR 行为的实际感知比较。如此一来，消费者对

CSR 行为发讯企业的绩效进行评价时，一方面会参考发讯企业自身的情况；另一方面则会参考受讯企业的 CSR 行为，进而对受讯企业也做出相应的评价。实际上在此过程中，发讯企业和受讯企业的 CSR 行为之间也是存在明显的优劣差异的。那么，当消费者向上(优)/下(劣)比较时，究竟是会产生同化效应还是会产生对比效应？在社会比较视角下，CSR 行为对发讯企业或受讯企业绩效影响的过程和机制是什么？结果如何？这些问题有待进一步研究(见图 1-4)。

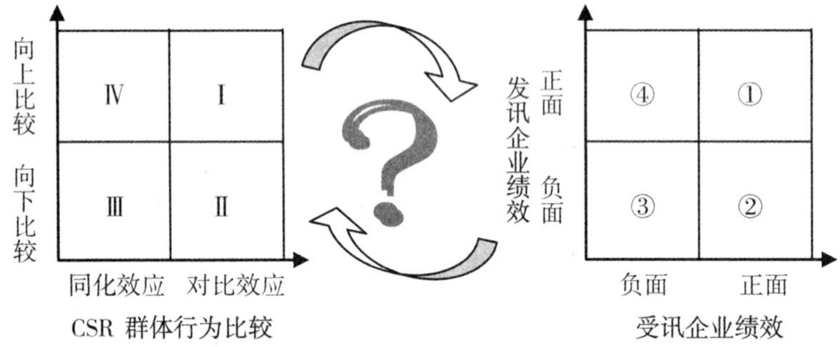

图 1-4　CSR 行为比较与企业绩效间的关系

以往的研究显示：正/负面的 CSR 行为可以带来正/负面的企业绩效(Sen 和 Bhattacharya，2001)。看起来这似乎是一个“善有善报，恶有恶报”的公平游戏。然而，实际上 CSR 行为在企业和消费者之间的信息是不对称的。正是这种信息的不对称导致有些受讯企业虽然没有履行 CSR 行为，但有可能会获得正面的企业绩效；同时，也有可能导致有些发讯企业虽然履行了 CSR 行为，但却未能够获得相应的正面绩效。产生这种现象，正是因为消费者在处理 CSR 群体行为信息时，会使用同化或对比效应的思维模式进行向上或向下的比较分析。无论是在向上还是向下的比较过程中，同化/对比效应都是在缩小/强化扩大发讯和受讯企业间的差异。并且这种缩小与强化扩大的程度受发讯和受讯企业间的相似度等因素的影响，有可能被加强，也有可能被弱化。

5. 从战略和战术两个层面，系统思考 CSR 行为管理及其规范研究的逻辑

此部分主要是结合前面的研究成果，系统思考并提出 CSR 行为管理的思路及其行为规范研究的逻辑。具体来说，主要是整合以下几个问题的研究成果：企业究竟该如输出社会责任行为？从个体角色、群体互动及社会期望三个层面来看，CSR 行为规范具体是什么？当 CSR 行为偏离规范时，将会对企业品牌绩效产生怎样的影响？该如何进行 CSR 行为的前台沟通与展示，并借此获得良好的企业绩效和持续的竞争优势呢？

三、技术路线

本项目的研究思路和实施步骤如图 1-5 所示，具体陈述如下：

(1) 内容 1 的研究方法与技术路线。

本部分拟主要采用文献研究、焦点小组访谈、专家访问、内容分析和问卷调查等方法。

鉴于行为规范和前台(化)行为的研究主要集中于社会学领域，联系 CSR 行为的研究很少，但营销实践中 CSR 行为的输出，不仅需要掌握个体角色、群体互动及社会期望三个层面的行为规范，而且还要掌握 CSR 行为前台沟通与展示的技巧。这就决定了需要对 CSR 行为规范和前台(化)行为从头探索。此部分内容的初步设计思路是：先采用文献研究、焦点小组访谈、专家访问、内容分析等方法进行探索性研究，尽可能广泛地收集来自各个管道的数据；然后对数据进行分析整理，概括出 CSR 行为偏离和 CSR 前台(化)行为的基本属性；再基于这些基本属性编制测项进行大样本问卷调查，之后对数据进行因素分析提炼主成分因子，提炼出 CSR 行为偏离和 CSR 前台(化)行为的特殊属性；最后在此基础上对 CSR 行为偏离和 CSR 前台(化)行为进行测量研究，开发出测量量表。

具体而言，文献研究主要是收集现有关于行为偏离和前台(化)行为研究的所有文献，并对其研究结论进行归纳总结；然后分析其中哪些结论与 CSR 行为类似，并根据这些结论推导出 CSR 行为偏离和 CSR 前台(化)可能具有哪些不同的属性。内容分析法

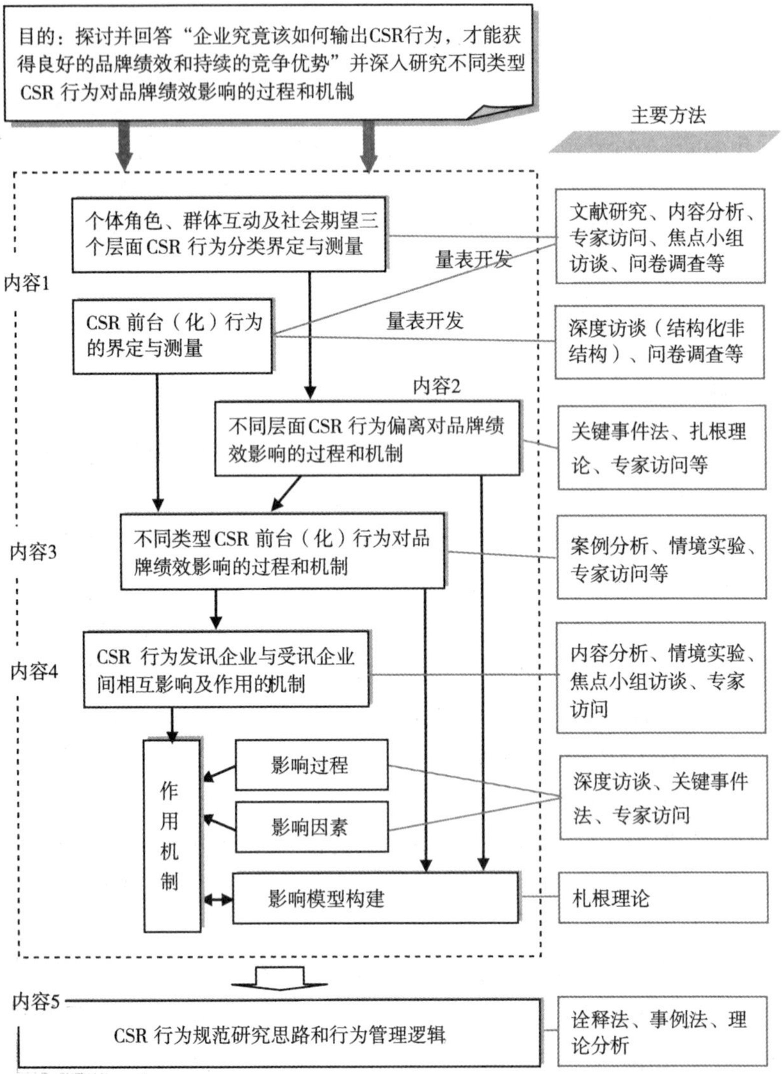

图 1-5　本项目研究方案和技术路线

则以各种媒体(包括网络、电视、报纸和杂志等)近十年报道过的有关 CSR 行为偏离和 CSR 前台(化)行为的事例为数据库，采用内容分析技术对其进行整理，概括出 CSR 行为偏离和 CSR 前台(化)

的特殊属性。之后，结合焦点小组访谈和专家访问，要求受访者陈述 CSR 行为偏离和 CSR 前台(化)行为具有哪些属性；有哪些成功或失败的案例，为什么成功或失败；等等。问卷调查进行两轮，第一轮是开放式问卷调查，即要求被调查列举 5~10 项 CSR 行为偏离和 CSR 前台(化)行为的特殊属性；第二轮是封闭式问卷调查，即把前面文献研究、关键事件、内容分析、焦点小组访谈、专家访问和开放式问卷调查获取的数据编制成测项，进行封闭式调查并提炼主成分因子。在这些研究完成之后，再利用已有数据开发 CSR 行为偏离和 CSR 前台(化)测量量表，并进行信效度分析。

(2)内容 2 的研究方法与技术路线。

本部分内容主要采用关键事件法、扎根理论和专家访问等方法。

关键事件法的基本设计思路是：根据以往营销实践中 CSR 行为偏离的事例，从中各选取 3 个 CSR 超/低规范行为事件。针对每一个事件做长达半年甚至一年时间的完整跟踪观察，不仅从各种媒体报道方面记录 CSR 行为偏离事件的全部过程及每个细节，而且还将深入这 6 家企业访问 CSR 行为偏离事件的当事人。在整个过程中，需要掌握 CSR 行为偏离的细节，并选择其中最重要、最关键的部分来评定其结果。对每一个事件的描述内容大致包括：(1) CSR 行为偏离发生的原因和背景是什么？(2)企业为什么要实践社会责任行为偏离？目的和动机是什么？(3)企业当时采取了什么行动？这些行动当中有没有多余的或需要改进完善的地方？(4) CSR 超/低规范行为实施的结果是什么？为什么会产生正面或负面的评价？此一方法的研究重点主要在于 CSR 行为偏离内在的驱动因素和事件发展的演化逻辑，信息来源主要在于媒体报道和企业内部的调查。

扎根理论的基本设计思路是：同样各选取 3 个 CSR 超/低规范行为事件；然后收集网络上面对这些事件的报道及其评论，将每个事件后面网友所发表的帖子进行归纳汇总。拿出所有帖子当中的 2/3，分别找 3 个及以上市场营销专业的博士生进行开放式编码，寻找消费者对 CSR 超/低规范行为前因后果的评价，尽可能将其一一列出。接下来就是再进行进一步的主轴编码，在对开放式编码进行提炼的基础上，将研究的主题与资料建立连接。主要提炼影响消费者对 CSR 超/低规范行为评价的因素、消费者认知和情感的反应和最终对企业绩效的评价。最后则运用选择编码对主轴编码进行整合与精练，构建 CSR 超/低规范行为对品牌绩效产生影响的模型，并使用剩下 1/3 的帖子对理论模型进行饱和性检验。此一方法的研究重点在于探索 CSR 行为偏离对品牌绩效的影响机制，信息来源主要为网络上面消费者所发表的帖子。

专家访问主要是分两组：第一组主要是根据前面关键事件法和扎根理论的研究结果与专家讨论 CSR 行为偏离是如何对品牌绩效产生影响的，在此过程中，将从个体角色、群体互动和社会期望三个层面给出 CSR 行为规范让专家进行评价。第二组则不给专家三个层面上 CSR 行为规范，而是询问专家认为判断 CSR 行为是否有效的标准有哪些。最后结合两组专家的意见确定判断标准。专家访问的对象初步确定为在高校和企业长期从事 CSR 和品牌研究的权威人士。

(3)内容 3 的研究方法与技术路线。

本部分内容主要采用案例分析、情景实验和专家访问等方法。

案例分析的基本设计思路是：确定两组案例，一组为 CSR 前台行为案例，称为 A 组；另一组为 CSR 前台化行为案例，称为 B 组。对于 A 组案例，重点在于深入企业，通过档案记录、开放性访谈、结构性访谈、直接观察和参与性观察等方式，记录影响 CSR 前台行为实施的驱动因素以及对品牌绩效可能产生的结果，总结 CSR 前台行为成功或失败的经验和教训。对于 B 组案例，重点在于对媒体信息的收集，通过各类访谈和参与性观察等访谈，研究媒体为什么会对有些 CSR 后台行为感兴趣，将其曝光于前台，促使 CSR 前台化行为的发生？在这一过程中，媒体是如何对 CSR 前台化行为进行描述和宣传的？CSR 前台化行为对品牌绩效将会产生怎样的结果？最后结合两组案例进行对比分析，研究 CSR 前台行为和前台化行为分别对消费者认知和情感反应以及品牌绩效会产生怎样的影响。

情景实验的基本设计思路是：首先根据案例分析的内容进行CSR前台(化)行为的情景设计，研究如何借助媒体、诉说方式和信息来源等因素影响消费者的认知和情感反应。初步的实验情景设计为：CSR行为效价(正面 & 负面) * 前台模式(前台行为 & 前台化行为)，分别研究每一种情景下，消费者对CSR行为的认知和情感反应以及对品牌绩效的评价结果。在这一过程中，还将设计开放式的问题，要求被试回答：影响他们对CSR前台(化)行为感知的因素有哪些，并且将这些答案归纳整理，由查找文献上升至理论构念的层面，继续设计实验情景来进一步完善CSR前台(化)行为对品牌绩效影响的研究。

专家访问主要分为两组：第一组主要是根据前面案例分析和情景实验的研究结果与专家讨论影响CSR前台行为(化)的因素有哪些。讨论CSR前台(化)行为对消费者认知和情感反应影响的因素有哪些。第二组则给出一些CSR前台(化)行为的案例，向专家咨询：这些CSR前台(化)行为将会对品牌绩效产生怎样的影响？其中的过程和机制是什么？企业该如何进行CSR前台(化)行为的沟通与展示？同样，专家访问对象初步确定为高校和企业从事CSR和品牌研究的权威人士。

(4)内容4的研究方法与技术路线。

本部分内容主要采用内容分析、专家访问、焦点小组访谈和情景实验等方法。

基本设计思路是：首先从多个行业内分别选取其中2~3家不同类型的代表性企业，然后从这些企业网站上逐条收集所发布的CSR行为信息，时间范围从企业发布第一条CSR信息截止本项目研究开始。在固定的时间段内，对行业内直接竞争的2~3家企业的CSR行为互动进行比较分析，并归纳总结出发讯和受讯企业竞争反应的具体表现和特征。在此基础上，对高校及企业内长期从事CSR和品牌研究的专业人士进行访谈，对上述所挑选企业在社会责任行为竞争方面的优劣势及结果进行评价分析。同时，也会多次组织消费者群体进行焦点小组访谈，听取并记录消费者对CSR行为竞争互动的认知和思维分析过程。

最后，在定性方法的基础上，将进一步通过情景实验的设计检验消费者对 CSR 行为竞争互动的认知和评价分析过程。初步设计实验情景为八组：CSR 行为(正面 & 负面) * 社会比较方向(向上比较 & 向下比较) * 思维模式(同化效应 & 对比效应)。研究目的为：通过操控发讯企业的 CSR 行为方向、消费者社会比较的方向(Zhou 和 Soman，2003)以及思维模式(Thomas 和 Donnal，2009)等因素，研究在对 CSR 发讯和受讯企业进行比较评价的过程中，消费者是如何产生认知和情感反应的，将会产生哪些认知思维和情感反应以及影响消费者启动向上/下比较和同化/对比思维的因素有哪些。

(5)内容 5 的研究方法与技术路线。

本部分内容主要采用三种方法：诠释法、事例法和理论分析。诠释法就是阐释性研究，主要用于对前面得出的研究成果进行总结、概化和系统解释；事例法则是运用相关事例来增加解释的说服力；理论分析更倾向于逻辑推理，目的是使最终的解释更加严谨。本项目拟利用这三种方法来对“企业究竟该如何输出 CSR 行为，才能获得良好的品牌绩效和持续的竞争优势”这一根本性问题提供治理思路与管理逻辑。

第二章 相关文献回顾

根据第一章所描述的项目申报总体框架体系，后面的章节主要从消费者视角、企业群体层面，以拟剧论、社会规范、社会比较和行为偏离等理论为基础，探讨企业社会责任超/低规范行为对品牌形象影响的过程和机制，并从品牌来源国(本国/国外)、社会情景(灾难/平时)、文化思维(中庸/极化)三个层面，分别研究它们在“CSR偏离行为—消费者认知和情感反应—品牌形象”影响过程中的调节作用。对于上述问题的回答，不仅可以丰富企业社会责任和品牌形象及资产方面的理论文献；而且还可以为企业履行适当的社会责任行为来提高品牌形象提供建设性的指导意见。由此我们按照自变量(CSR偏离行为)—中介变量(消费者认知和情感反应)①—调节变量(品牌来源国、社会情景和文化思维)的顺序进行文献回顾及变量界定。

第一节 企业社会责任

不同领域的专家学者对企业社会责任进行了上百年的研究，他们从不同的方面取得了丰硕而又显著的成就。在此基础上，本节首先从CSR和CSR行为的定义及内涵给予回顾，然后阐述以往学者对CSR行为实施的争论，最后从战略导向和战术策略两个层面对企业社会责任研究成果予以评价分析。战略层面主要从资源基础导向、利益相关者导向和社会问题导向三个方面进行分析；战术层面

① 由于因变量品牌形象概念相对清晰，以往学者已经做过大量的工作，因此，在本书的研究中，未对品牌形象做相应的文献回顾。

主要对企业社会责任研究过程中的自变量、中介变量、因变量和调节变量系统梳理和评价分析。

一、CSR 的定义及内涵

学术界普遍认为，现代企业社会责任的研究真正开始于 1953 年鲍恩(Bowen)发表《商人的社会责任》之后。当年，鲍恩率团队对美国企业考察之后，认为制订计划、执行政策或者依据社会目标和价值采取行动，这些都是商人的义务，是他们必须遵守的。并且商人们应该从更广泛的视角对他们经营行为的后果负责，而不是单纯考虑他们财务报表当中的损益表。以此为基础，20 世纪 60 年代，学者们对企业社会责任产生了极大的研究兴趣。有学者认为：企业高层领导的经营管理决策至少要超出他们的直接经济利益，并提出与社会权力对等的社会责任等观念(Davis，1960)。换句话说，就是企业对社会的影响越大，就应该承担越多的社会责任。之后，McGuire(1963)给出了更加明确清晰的定义，认为企业社会责任不仅仅指应该承担经济和法律方面的义务和责任，还应该超出这些范围对社会问题承担部分责任①。实际上，言外之意就是企业家应该认识到企业和社会间的紧密联系，希望企业群体在追逐利润的时候，不要忘记企业的行为不仅影响到具体的利益相关者，而且还可能影响到整个社会系统(Walton，1967)。

随后，学者们在前人的基础上，根据不同的理论从不同的视角对 CSR 进行了定义，代表性的观点有：企业社会责任也指企业亲社会行为的努力(Murray 和 Vogel，1997)或者是企业社会绩效(Turban 和 Greening，1997)，其定义为：管理的义务不仅是为了保护和改善企业的利益，而且还包括整个社会的福利②。根据利益相关者理论，其内涵是指企业在创造利润、对企业负责的同时，还要

---

① McGuire J.. Business and Society. New York：McGraw-Hill，1963.

② Davis K.，Blomstrom R. L.. Business and society：Environment and responsibility. New York：McGraw-Hill，1975.

承担对员工、对消费者、对社区和环境的社会责任①。美国社会责任监控机构对600多家企业社会责任的报告统计显示，其内涵主要包括六个方面：社区支持、多样性（种族、家庭等方面）、员工支持、环境支持、海外责任（血汗工厂、人权等方面）、产品安全②。

而其中学术界普遍认可的还是Carroll（1991）按照社会义务—社会责任—社会响应的逻辑，所提出的CSR金字塔层级模型：经济、法律、伦理和慈善四个方面的责任。经济责任主要包括企业在每股利润最大化原则下运作，追求尽可能多的利润，保持竞争优势，保持较高的运作效率，最后的成功企业是能够获得持续利润的企业。法律责任主要包括在法律规定和政府期望下运作，遵守联邦政府、州政府和地方政府的法规，并且所提供的产品与服务至少满足最低的法律要求等。伦理责任主要包括企业运作与社会道德观念和伦理规范期望要一致，认可与尊重被社会所接受的新道德标准，防止为完成企业目标而在伦理标准上做出让步。慈善责任主要包括企业运作与社会的博爱和慈善期望相一致、资助私人和公共教育机构，企业的管理者和员工都在他们自己的社区内自愿参加慈善活动，旨在提高社区生活质量。

以CSR定义及内涵为依据，CSR行为主要指将CSR付诸实践的具体体现与表达方式（Sen和Bhattacharya，2001）。换句话说，CSR侧重于研究什么是正确的事，而CSR行为侧重于研究如何正确和聪明地做事（Smith，2003），具体指经济行为、法律行为、伦理行为和慈善行为几个方面。结合本书的主题，经济和法律层面不属于本书研究的范围，再加上营销实践当中CSR前台行为素材的限制，因此，本书所研究的企业社会责任超/低规范行为主要聚焦在慈善层面。

---

① Brown，Tom J.，Dacin，Peter A.. The Company and the Product：Corporate Associations and Consumer Product Responses. Journal of Marketing，1997，61：68-84.

② Kinder，Lydenberg，Domini，& Co.. the Domini 400 Social Index. Statistical Review，1999(3).

二、CSR 行为与企业绩效

对于企业是否应当承担社会责任，在 20 世纪 30 年代，分别以 Berle(美国哥伦比亚大学)和 Dodd(美国哈佛大学)两位教授为首的团队就发起著名的“哈佛论战”。以 Berle 为首的一方代表了传统古典经济学的观点：认为企业管理者只需对股东的利益负责，因为他们仅仅是股东权益的受托人①。此一观点与弗里德曼的看法不谋而合，即企业若是提供市场产品之外的“社会产品—企业社会责任”，将会大大削弱市场机制的基础(Friedman，1970)。并从成本—收益的视角，结合利益相关者理论进行了深入的分析，发现无论企业何时将资源用于承担“社会责任”时，都是在增加运行成本，而这些成本转嫁给任何一个利益相关者都是不合适的(鲁宾斯，2004)。支持这一观点的还有著名经济学家哈耶克，他认为任何偏离利润最大化目标的行为都是危险的，都有可能危及企业的生存与发展②。

而与之对应的是以 Dodd 为首的一方，他们对以 Berle 为首的团队进行了强烈的反对，认为企业既要获取利润，还要服务社会。因为企业不仅仅对股东负责，而且还应该对雇员、消费者以及更加广大的公众负责(Berle，1954)。而之后大批的经济管理学家们，像德鲁克、安德鲁斯、格里芬等人均发表观点支持企业应当履行社会责任。德鲁克认为：企业的目的必须在企业之外，但一定是在社会之内的，因为企业不能脱离社会，它们只是整个社会的一种器官③。格里芬认为：企业应当在追求利润最大化的同时，对保护和增加整个社会的福利也应该承担责任④。

---

① Berle, A. A.. Modern Functions of the Corporate System. Calumbia Law Review, 1962, 62(3): 433-449.

② F. A. 哈耶克．致命的自负．冯克利，胡晋华，译．中国社会科学出版社，2000：132-133.

③ 彼得·F. 德鲁克．管理——任务、责任、实践. 孙耀君，等，译. 中国社会科学出版社，1987：81-82.

④ 里奇·W. 格里芬．实用管理学．杨洪兰，康芳仪，译．复旦大学出版社，1989：73-75.

为了让某一方的观点更具有说服力，学者们开始致力于企业社会责任行为与财务绩效间关系的研究。但是由于样本选取的不同、行业特性的不同以及所使用研究方法的不同，得出的研究结果也有很大的差异。归纳起来主要有三种情况：第一种情况是企业社会责任与财务绩效之间存在正向关系（Preston 和 Op Bannon，1997；Simpson 和 Kohers，2002），也就是说在大多数情况下，企业履行社会责任都将会获得财务绩效的增加；第二种情况认为企业社会责任与财务绩效之间存在负向关系（Ingram 和 Frazier，1980；Bansal，2004）；第三种情况认为企业社会责任与财务绩效不相关（McWillliams 和 Siegel，2001；Hadi，2003）。由此可见，企业社会责任对财务绩效的影响效果还不是很清晰（Stanwick，1998）。

有学者针对此做过统计，在 1972—1992 年，关于企业社会责任与财务绩效间关系的 21 个研究当中，有 12 个研究结果为正相关关系，有 1 个研究结果为负相关关系，有 8 个为无相关关系（Pava 和 Krausz，1996）。为此，Luo 和 Bhattacharya（2009）通过研究企业社会绩效、研发和广告投入以及风险类型之间的关系，对上述争议做了进一步的解释。结果显示：较高的企业社会绩效会降低企业非系统风险，但是为了追求较高的企业社会绩效，与广告投入较低的企业相比，投入广告较高的企业将会面临更高的非系统风险。而本书的研究主题企业社会责任超/低规范行为对品牌形象的影响，恰恰是对争议的进一步研究。与以往研究不同的是，以往研究侧重于履行社会责任行为之后，财务绩效有无变化；而本书的研究则侧重于企业事前履行社会责任行为的程度，并且结果较侧重于社会绩效，即品牌形象，而非财务绩效。

三、CSR 行为战略导向

关于这一点，以往学者的研究主要从三个方面出发：资源基础导向、利益相关者导向和社会问题导向。整体来看，实际上三个方面内外匹配并非孤立，而是相互联系，不可分割的。企业履行社会责任首先要看自己所拥有的资源和实力，针对现实社会和未来社会中所存在的问题进行分析，同时还要平衡各相关者主体间的利益。

三者间的关系具体如图 2-1 所示。

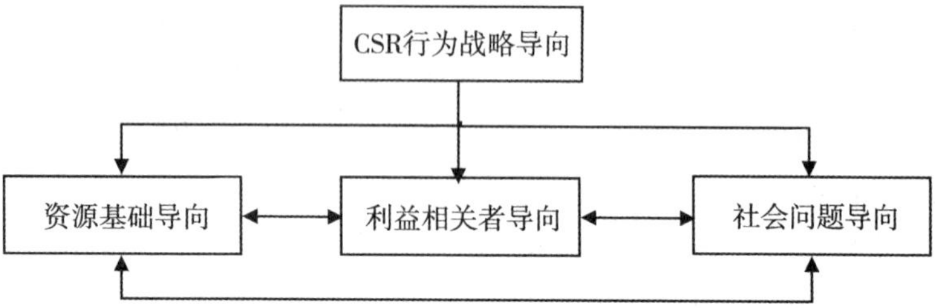

图 2-1　CSR 行为战略导向①

资源基础导向主要是从企业内部视角看待 CSR 行为的资源输入，研究企业所拥有资源的多少与 CSR 战略选择间的关系。普遍认为：大企业在社会上的影响力比较大，可见度比较高，所以应该承担更多的社会责任；而与此相对应的小企业，由于受到各类资源的限制和约束，在社会上的影响力和可见度均不如大企业，所以应该承担较少的社会责任(Meznar 和 Nigh，1995)。也有学者认为大企业由于拥有资源较多而对资源的配置较为宽松，这将会显著提高其社会责任承诺和行为；而小企业则相反，因对资源的配置斤斤计较而降低其社会责任行为(Johnson 和 Greening，1999)。最后就是大企业需要对外部环境进行管理，借此来营造企业良好的经营环境，并借此推动内部管理的提高；而小企业则缺乏对外部环境管理的能力，所以从这方面来看，大小企业对社会责任的反应也是存在一定差异的(Brammer 和 Millington，2006)。但事实上，最终的实证研究表明(Krishna，2008)：小型企业和大型企业在制定 CSR 战略及实施方面有着同样积极的态度和行为，而中型企业在这方面要显著低于小型企业和大型企业②。

① Meznar, M. B., D. Nigh. Buffer or Bridge? Environmental and Organizational Determinants of Public Affairs Activities in American Firms. Academy of Management Journal, 1995, 38: 975-996.

② Krishna Udayasankar. Corporate Social Responsibility and Firm Size. Journal of Business Ethics, 2008, 83: 167-175.

而利益相关者和社会问题导向则偏重于从企业外部视角看待CSR行为的输出。利益相关者导向暗示企业生存与发展主要是通过持续满足利益相关主体的需求，以实现企业经济和非经济的目标。最初对企业利益相关主体的定义是任何影响或被影响企业目标实现的团体和个人，主要由股东、员工、消费者、公众、供应商以及政府等组成(Clarkson，1995)。对于利益相关者管理的观点有三个(见图2-2)：规范观点(normative viewpoint)认为企业对待所有利益相关主体应该是平等的，而不仅仅只重视消费者和股东。这暗示在制订CSR计划和政策时，企业需要做出复杂的、多维度的方案来同等程度地满足所有利益相关主体。工具性观点(instrumental viewpoint)认为经济利润对于企业来说是最重要的，更加关心哪些CSR元素能够直接改进和提高经济绩效，甚至不惜以某一方利益相关主体为代价。描述性观点(descriptive viewpoint)认为CSR的投入应该视利益相关主体的价值、主体间相对的影响以及具体情境来定，与规范观点不同的是描述性观点在CSR投入方面有侧重点①。

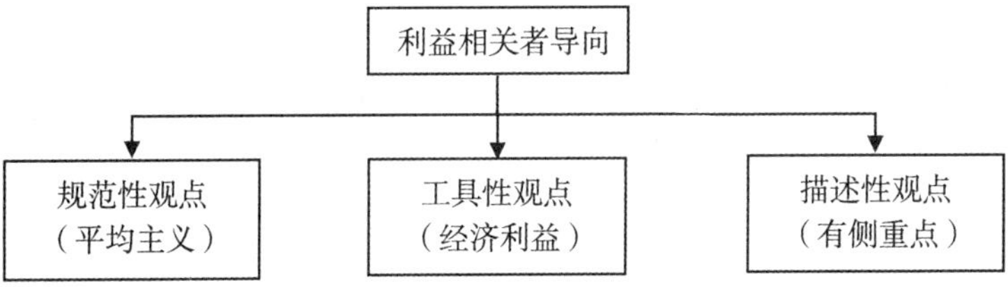

图2-2 利益相关者导向

总体来说，利益相关者导向主要研究如何通过CSR的输出来平衡股东、员工、消费者、公众及供应商等之间关系(Max，1995)，结果表明：当CSR的输出在所有利益相关者之间达到平衡时，CSR与企业的财务绩效是呈中立关系的。社会问题导向主要研究如何通过CSR的输出来选择并解决社会问题(Archie，1979)，

① Jones，T.，Wicks，A.. Convergent stakeholder theory. Academy of Management Review，1999，24：206-210.

而在此过程中主要受社会需要与公司需要的匹配、社会需要的严重性、高层领导的兴趣、社会行动的公共关系价值、政府的压力五个方面因素的影响。随后有学者将资源基础(CSR 输入)与利益相关者导向(CSR 输出)相结合，从资源基础理论视角逐一探讨了不同群体对 CSR 输出的需求(Abagail 和 Donald，2001)，例如：员工方面包括福利待遇、职业规划、安全健康等，消费者方面包括产品安全、顾客抱怨等，公众方面包括环境保护、资源节约、社会投资等①。也有学者将资源基础(CSR 输入)和社会问题导向(CSR 输出)相结合，研究分析了在 CSR 与企业战略融合的过程中，如何根据企业自身的资源来选择并解决社会问题，以此输出 CSR②。

基于持续发展的企业社会责任与企业战略目标管理融合框架如表 2-1 所示。

表 2-1　**基于持续发展的企业社会责任与企业战略目标管理融合框架**

		主题发现与细分	主题选择与规划	主题策划与实施	主题跟踪与评价
CSR与企业战略目标管理融合	战略管理	理解社会问题，认识问题本质；社会问题分类	选择合适的社会主题，制订参与计划	主题细化分解，活动方式匹配，合作对象选择	实施过程和社会反应监控及评价；主题参与动态调整
	协调管理	审视企业目标；寻找企业与社会问题的最优组合	选择长期最切合的主题，对特定社会问题参与纳入	企业资源分配与调整，活动的协调与配合；	对正常经营活动影响的监控及评价；
		分析(analysis)	设计(planning)	执行(doing)	控制(control)

① McWilliams，Abagail，Donald Siegel. Corporate social responsibility：a theory of the MNE Perspective. Academy of Management Review，2001，26(1)：117-127.

② 许正良，刘娜．基于持续发展的企业社会责任与企业战略目标管理融合研究．中国工业经济，2008(9)：129-140.

实际上，根据上述的 CSR 行为战略导向来看，大多数学者还是较侧重于利益相关者导向，而在利益相关者导向当中，还是以消费者需求导向的研究成果最多。但是以往研究的局限在于对消费者需求的理解不够全面，从以往文献研究来看，多数学者较重视提供什么样的 CSR 行为，而较少重视怎样提供 CSR 行为。换句话来说，也就是忽视了消费者内心 CSR 行为规范的研究。因此，本书的研究结论及成果将丰富和拓展消费者对 CSR 前台行为的需求概念。

四、CSR 行为沟通策略

对于营销战术层面的 CSR 行为沟通策略，我们主要根据以往研究当中的自变量、中介变量和调节变量进行回顾和梳理。

(一)自变量

从总体来看，自变量可分为正面的 CSR 行为和负面的 CSR 行为。正面的 CSR 行为包括 CSR 本身(Luo 和 Bhattacharya，2006)、CSR 信息(Wagner 等，2009)、CSR 不同层面的行为(Donald 等，2007)以及捐时间和捐钱(Americus 等，2007)；负面的 CSR 行为研究包括道德相关和能力相关(Votolato 和 Unnava，2006)、绩效相关和价值相关(Pullig 等，2006)、可辩解产品伤害和不可辩解产品伤害(方正，2007)。

具体来讲，正面的 CSR 行为研究最多的依然是 Carroll(1991)所提出的金字塔模型，或者是以此为基础做了细微的调整。有些在实证研究中直接以 CSR 的身份出现在自变量的位置，例如：Luo 和 Bhattacharya(2006)在研究企业社会责任、顾客满意及市场价值间的关系时，在自变量的选择上就直接使用的 CSR。也有些实证研究使用的是 CSR 不同层面的行为，例如：李海芹和张子刚(2010)在研究 CSR 对企业声誉及顾客忠诚的影响时，就将 CSR 具体划分为经济责任、环境责任、消费者责任、员工责任、法律责任和慈善责任，以此来作为自变量。也有学者以 CSR 信息为自变量，例如：Sen 和 Bhattcharya(2001)通过操控一家真实企业的社会责任信息和产品质量信息，研究了企业社会责任行为对消费者购买行为的影响。结果发现：在消费者对企业社会责任反应的过程中，企业因素与消费者个体因素均起着重要的调节作用。而且消费者—企业认同对企业社会责任和消费者对企业的评价起中介作用。最后还发现在某些情况下，企业社会责任还会降低消费者对产品的购买意向。

也有学者以 CSR 不一致信息为自变量，在企业社会责任承诺与其商业实践背离的情况下，研究该如何通过聪明的沟通策略缓和消费者对公司伪善的感知，降低消费者对企业负面态度的评价（Wagner 等，2009）。通过三个实验的研究发现：与被动反应的沟通策略相比（当企业社会责任承诺紧跟所观察到的商业实践时），积极主动的沟通策略（当企业社会责任承诺先于所观察到的负面商业实践时）将会让消费者感知到更高的伪善。其次是抽象的信息沟通策略将会降低积极主动沟通策略背后的潜在风险，同时可以改善被动反应的效果。最后是不考虑积极主动和消极被动的沟通策略，当采取嵌入式沟通策略时，将会降低消费者伪善的感知和最小化负面结果。

比较具有创新思想的是 Americus、Karl 和 Eric（2007）从机会成本的角度，将社会责任行为划分为捐时间和捐钱，针对社区关系的促进，研究了消费者道德身份认同及慈善行为之间的关系。研究表明：当机会成本相等时（主观的劳动时间成本和客观的金钱成本），认为道德身份认同非常重要的消费者倾向于赞同捐时间比捐金钱更能突显其道德身份和自我表达。并且还发现与较高地位企业保持关系的消费者偏好于捐钱而不是捐献劳动时间，但是对于那些道德身份认同较高的消费者来说，这种偏好的差异显得相对较弱。最后是当道德身份被操控，并且在捐时间是为了一定的道德目的时，与捐献金钱相比，消费者更倾向于捐献劳动时间。

除此之外，还有不少学者研究了负面的 CSR 行为，有的从行为类型进行划分：道德相关和能力相关（Votolato 和 Unnava，2006）；有的从效益类型进行划分：绩效相关和价值相关（Pullig 等，2006）；还有的从产品伤害类型进行划分：可辩解产品伤害和不可辩解产品伤害（方正，2007）；等等。实际上，有关负面的

CSR 行为研究成果很多，对 CSR 负面行为的分类也很多，由于这些内容在产品伤害危机、品牌危机以及负面事件等方向中已做研究，所以此处不再赘述。

(二)中介变量

除了上述文献当中所提到的消费者—企业认同、企业伪善和企业社会责任信仰几个中介变量之外，以往学者还从多个不同的角度对其进行了研究，并取得了丰硕的成果。例如：谢佩洪和周祖城(2009)在研究中国背景下 CSR 与消费者购买意向关系的过程中，提到目前学者们对 CSR 在消费者层面的影响机制，消费者对 CSR 的心理反应等方面的研究仍然十分有限。于是，他们通过研究发现消费者—企业认同、公司声誉中介于 CSR 行为和消费者购买意愿之间。结果表明：CSR 行为不仅直接正向地影响消费者购买意向，还可通过良好公司声誉和消费者—企业认同感对消费者购买意向产生间接正向的影响，而且数据显示间接作用的强度要远远大于直接作用。

CSR 行为对消费者购买意愿的影响如图 2-3 所示。

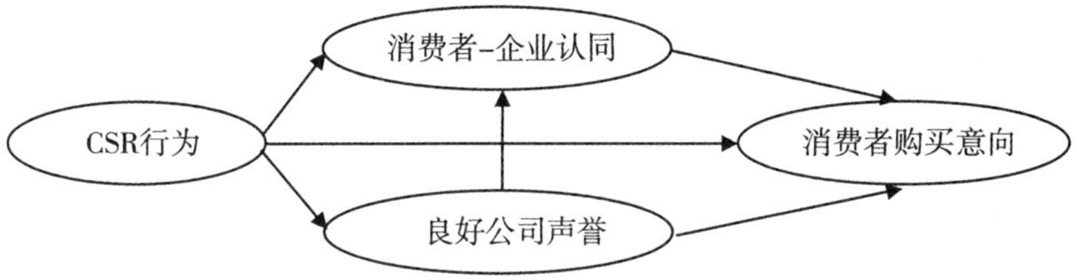

图 2-3　CSR 行为对消费者购买意愿的影响①

随后，李海芹和张子刚(2010)在研究 CSR 对企业声誉及顾客忠诚影响过程中，将企业声誉划分为认知和情感声誉，构建了 CSR 对企业声誉和顾客忠诚影响的模型，通过实证检验，探索 CSR 不

---

①　谢佩洪，周祖城．中国背景下 CSR 与消费者购买意向关系的实证研究．南开管理评论，2009，12(1)：64-70.

同层面的行为对顾客忠诚的影响程度，以及认知声誉和情感声誉作为中介变量的合理性。结果表明：CSR 对顾客忠诚的影响主要来自于经济责任、企业对消费者的责任、法律责任和慈善责任；并且将企业声誉划分为认知声誉和情感声誉是比较合理的；它们在 CSR 行为对顾客忠诚影响的过程中均起到显著的作用，而企业声誉一方面可以直接影响顾客忠诚，另一方面也可通过顾客满意间接影响顾客忠诚。也有学者将公司声誉转化为消费者对公司的认同，检验在 CSR 信息与公司评价间的中介作用（Sen 和 Bhattacharya，2001）。

CSR 对顾客忠诚影响的模型如图 2-4 所示。

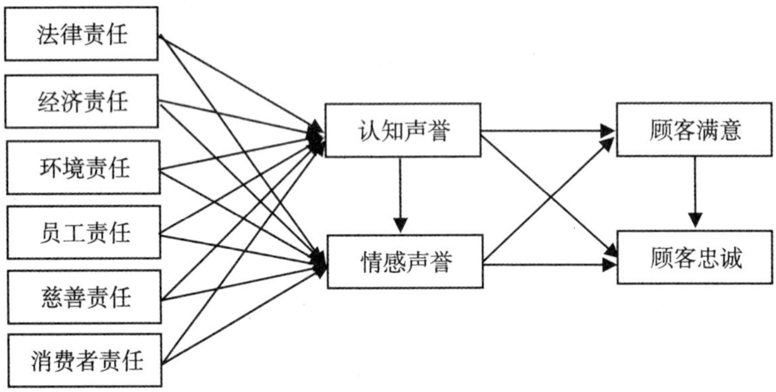

图 2-4　CSR 对顾客忠诚影响的模型①

更进一步的是有学者直接将顾客满意中介于 CSR 与市场价值，深入研究了三者之间的关系，最终通过数据检验发现：CSR 影响市场价值的过程中，顾客满意只是部分中介；CSR 的财务回报无论是正面的还是负面的均取决于公司的创新能力和产品质量（Luo 和 Bhattacharya，2006）。而在负面事件的研究中，有学者研究了归因中介于 CSR 与公司责备（Jill 和 Niraj，2004）。具体指与先前负面的 CSR 行为相比，当先前 CSR 行为是正面的时候，若是现在发生

① 李海芹，张子刚. CSR 对企业声誉及顾客忠诚影响的实证研究. 南开管理评论，2010，13(1)：90-98.

产品伤害危机事件：(a)消费者更加可能将责任归因于外部而非内部；(b)消费者更加可能将责任归因于不稳定而非稳定；(c)消费者更加可能将责任归因于不可控而非可控。

CSR 与市场价值间的关系模型如图 2-5 所示。

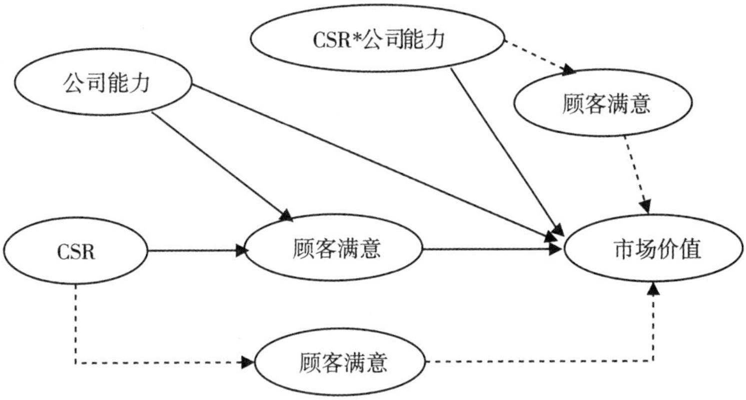

图 2-5　CSR 与市场价值间的关系模型①

(三)调节变量

最后在调节变量方面，以往学者的研究主要集中于三个层面：消费者层面、企业层面和文化层面。消费者层面的调节变量包括道德身份和角色承诺(Americus 等，2007)、CSR 信念和 CSR 支持(Sen 和 Bhattacharya，2001)；企业层面的调节变量包括 CSR 行为与企业业务领域的匹配、CSR 行为发起的时机(主动 & 被动)、CSR 的动机(Karen 等，2006)、CSR 信息(抽象 & 具体)、CSR 的能力、嵌入策略(Tillmann 等，2009)。文化层面的调节变量则比较单一，研究结论认为：不同文化背景下的消费者对 CSR 及其行为的认识和需求是不同的(Isabelle，2001)。

---

① Luo, X., C. B. Bhattacharya. Corporate Social Responsibility, Customer Satisfaction, and Market Value. Journal of Marketing, 2006, 70(4): 1-18.

CSR 研究中的调节变量如图 2-6 所示。

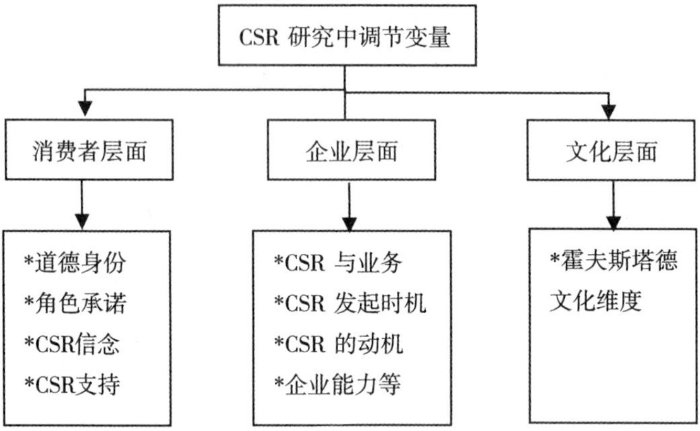

图 2-6　CSR 研究中的调节变量

但是缺少对品牌个体特征、社会情景以及社会文化思维等变量的研究，而实际上，在黄敏学等(2008)的《企业逼捐现象剖析：是大众无理还是企业无良》一文中，就发现在 CSR 行为表达和展示过程中品牌个体特征起着一定的调节作用。并且在 Aaker 等(2010)《营利组织看起来比较有能力(competence)，而非营利组织看起来比较和蔼可亲(warmth)》一文当中，也暗示品牌个体特征对 CSR 行为有一定的影响作用。对于社会情景，早有学者研究暗示(Bonsu 和 Belk，2003)：当消费者面对灾难性事件或带有时间压力的情景时，会产生不同的思维方式①。因此，在不同社会情景下展示 CSR 行为，消费者的认知和情感反应有可能不同。最后是社会文化思维，以往研究只是简单地对比了不同国家的消费者对 CSR 不同层面的侧重，很少深入研究不同文化思维(尤其是东西方文化思维间的差异)在 CSR 前台行为—品牌形象影响过程中的作用。

---

① Bonsu, S. K., Belk, R. W.. Do not go cheaply into that good night: Death-ritual consumption in Asante, Ghana. Journal of Consumer Research, 2003, 30: 41-55.

(四)结果变量

关于CSR行为影响结果，以往学者主要聚焦于两个方面：财务绩效和社会绩效。从财务绩效的视角来看，CSR的影响结果是模棱两可的(Stanwick，1998)，由于样本、行业及研究方法的不同，发现所得出的结果存在较大的差异，具体在前文CSR行为所存在的争议部分已做详述。除此之外，鉴于股票市场机制的不同，国内也有学者(李正，2006；温素彬和方苑，2008)以上市企业为样本，分别以截面数据和面板数据为依据，研究了CSR与财务绩效之间的关系。研究结果均认为：短期/长期来看，CSR行为对财务绩效的影响为负/正①。

从社会绩效的视角来看，以往的研究主要集中于消费者对CSR的支持和认同。在此基础上，Sen和Bhattacharya(2001)把消费者对CSR的支持划分为两种：外在支持，它是研究关于消费者的购买意愿和购买忠诚等；内在支持，它是关于消费者意识、态度以及消费者对公司所采取的CSR行为归因②。比较而言，国内外学者侧重于研究消费者的外在支持。例如：CSR行为能够带来积极的购后产出和顾客忠诚(Mohr和Webb，2005)；也能够激发消费者的情感依恋(陈业玮，2010)。从公司层面来看，较高的CSR行为会使消费者对企业评价更高，从而带来对产品的较高评价(Brown和Dacin，1997)，也会增加消费者对公司的认同(Sen和Bhattacharya，2001)、公司的品牌资产(Hoeffler和Keller，2002；Berens等，2005)以及产品延伸的评价(Biehal和Sheinin，2007)。

与本书研究相关的CSR文献如表2-2所示。

---

① 李正．企业社会责任与企业价值的相关性研究．中国工业经济，2006(2)：78-83.

② Sen，S.，C. B. Bhattacharya. Does Doing Good Always Lead to Doing Better? Consumer Reactions to Corporate Social Responsibility. Journal of Marketing Research (JMR)，2001，38(2)：225-243.

表 2-2　　与本书研究相关的 CSR 文献汇总

研究主题	代表性观点
CSR 的定义及内涵	**主要观点：**古典经济学视角(Friedman，1970)，利益相关者视角(Brown 等，1997)，社会绩效视角(Davis 等，1975)，金字塔层级模型(Carroll，1991)，CSR 侧重于研究什么是正确的事，而 CSR 行为侧重于研究如何正确和聪明的做事(Smith，2003)
战略层面：CSR 行为导向	**主要观点：**资源基础导向(Krishna，2008)，利益相关者导向(Max，1995)，社会问题导向(Archie，1979)，资源基础与利益相关者导向相结合(Abagail 等，2001)，资源基础与社会问题导向相结合(许正良和刘娜，2008)
战术层面：CSR 行为沟通策略	**自变量：**CSR 本身(Luo 等，2006)，CSR 信息(Wagner 等，2009)，CSR 不同层面的行为(Donald 等，2004)，捐时间和捐钱(Americus 等，2007)，道德相关和能力相关(Votolato 等，2006)，绩效相关和价值相关(Biswas，2006)，可辩解产品伤害(方正，2007)
	中介变量：公司声誉(谢佩洪和周祖城，2009)，认知声誉和情感声誉(李海芹和张子刚，2010)，消费者对公司的认同(Sen 和 Bhattacharya，2001)，消费者满意(Luo 和 Bhattacharya，2006)，归因(Jill 和 Niraj，2004)
	调节变量：道德身份和角色承诺(Americus 等，2007)，CSR 信念和 CSR 支持(Sen 和 Bhattacharya，2001)，CSR 行为与企业业务领域的匹配，CSR 行为发起的时机(主动和被动)，CSR 的动机(Karen 等，2006)，CSR 信息(抽象和具体)，CSR 的能力、嵌入策略(Tillmann 等，2009)，国家文化(Isabelle，2001)

续表

研究主题	代表性观点
CSR 行为影响结果	**财务绩效**：CSR 与财务间的关系，12 个研究结果为正，1 个为负，8 个无关（Pava 和 Krausz，1996）；短期/长期来看，CSR 行为对财务绩效的影响为负/正（李正，2006；温素彬和方苑，2008）；市场价值（Tobin's q 和股票回报）（Luo 和 Bhattacharya，2006）
	社会绩效：购后产出和顾客忠诚（Mohr 和 Webb，2005），情感依恋（陈业玮，2010），产品评价（Dacin，1997），消费者对公司的认同（Sen 和 Bhattacharya，2001），公司的品牌资产（Hoeffler 和 Keller，2002；Berens 等，2005），公司的声誉（Brown 和 Dacin，1997）以及产品延伸的评价（Biehal 和 Sheinin，2007）。

五、文献述评

尽管从前文学者们对企业社会责任的研究成果来看，早已取得丰硕的成果和辉煌的成就，但经过仔细深入的分析发现，关于 CSR 行为的研究依然存在一定的局限性，而这恰恰为本书留下了一定的研究空间。具体如下：

第一，以往学者对 CSR 的研究，在自变量的界定过程中，较多将其界定为责任而非行为。由于责任属行为实施前所探讨的内容，因此，利益相关者很难通过认知和情感反应对企业社会责任的实际行为作出判断。另外，从美国社会学家戈夫曼拟剧论的角度来看，责任实际上是企业后台讨论的内容，而行为的实施则多属于前台的表达方式。为此，本书将以拟剧论为基础，从前台的视角研究 CSR 行为而非简单的责任。

第二，以往学者对 CSR 的研究，大多是以 Carroll（1991）所提出的金字塔模型为基础，而较少采用其他依据进行划分。比较有创新思想的划分就是 Americus、Karl 和 Eric（2007）从机会成本的角度，将社会责任行为划分为捐时间和捐钱。而实际上，企业社会责任行为属于道德范畴的内容，既然是行为就应该探讨利益相关者，尤其是消费者眼中的 CSR 行为规范标准是什么才对。但遗憾的是，以往学者并未从社会规范的角度系统研究 CSR 行为。为此，本书拟以社会规范理论为基础，将 CSR 前台行为偏离划分为超规范行为和低规范行为。

第三，以往学者对 CSR 的研究，较侧重于探讨企业该提供哪些社会责任给利益相关者，或者是提供哪些社会责任将会给企业带来较大的经济绩效和社会绩效，却忽视了该如何聪明地或正确地提供这些行为。因为从 CSR 行为战略导向来看，尽管也有学者以消费者需求为导向，但对此理解并不全面。消费者对 CSR 的需求不仅包括 CSR 是什么，而且还包括在前台怎么样提供 CSR 行为。

第四，正如谢佩洪和周祖城（2009）所说，尽管以往学者对 CSR 行为进行了大量的研究，但是提到目前学者们对 CSR 在消费者层面的影响机制，消费者对 CSR 的心理反应等方面的研究仍然十分有限。从中介变量的研究来看，不少学者提到了顾客满意这个变量，但实际上却忽视了在顾客满意前，对消费者认知和情感的深入研究。因此，对于消费者内心这个黑箱来说依然留有研究的空间。为此，本书拟从认知和情感两个线，结合 CSR 超/低规范行为，探讨其对品牌形象影响的过程和机制。

第五，从调节变量来看，以往研究主要集中于三个层面：消费者层面、企业层面和文化层面，但忽视了在全球化的背景下，企业品牌将面对不同国家的消费者，因此，品牌来源国将会影响消费者对 CSR 行为的认知和情感反应。除此之外，伴随着灾难性事件的频繁发生，履行 CSR 行为的社会情景也开始进入研究人员的视野。最后是文化思维，而以往的学者主要研究了霍夫斯塔德的五个文化维度的调节作用，但实际上每个国家都有具体的文化思维，不同的文化思维将会影响消费者对 CSR 行为规范标准的判断。为此，本书拟分别从品牌来源国、社会情景和文化思维三个层面进行研究其调节作用。

第二节　消费者认知和情感反应

在 CSR 的研究当中，消费者被认为是企业的核心利益相关主体，也是以往学者研究的重点，因为消费者手中握有最强有力的"货币选择票权"，对企业的经济利益产生直接的影响作用。以往学者对消费者的研究集中于两个方面：外部响应（Dacin，1997）和内部响应（Bhattacharya 和 Sen，2004）。一般而言，学者们会将外部响应作为因变量来研究，而将内部响应作为中介变量来研究，探讨消费者对 CSR 行为的反应。结合本书主题，我们将内部响应作为中介变量，具体从消费者认知和情感反应两条线路进行研究，将外部响应消费者对品牌形象的评价作为因变量进行研究。

一、消费者认知反应

消费者认知反应一般是指消费者对信息处理的心理状态，实际上也是消费者对其自身心理活动的地一种感知（周延风、肖文建和黄光，2007）。由此可见，认知反应不能完全准确地从他们的外部行为观察和推测出，也就是说不能通过消费者的购买行为来观察到他们内心对 CSR 行为的态度、归因，而只能借助科学的量表来进行测量。因此，研究消费者对 CSR 行为的认知是理解外部响应和内部响应的前提。事实上，不同的消费者对 CSR 行为的认知了解差异是很大的。例如：当消费者具有较高的社会责任导向时（对 CSR 行为的认知程度较高），企业将会获得很好的绩效（Bhattacharya 和 Sen，2004）。但是大多数时候消费者不清楚企业在做什么（访谈中消费者对 CSR 活动的反应）。

（一）相关文献回顾

以往学者们对消费者的认知反应主要集中于以下几个方面：企业声誉、消费者—企业的认同、业务与 CSR 行为的匹配程度和归因等。具体来看，当一个声誉不好的企业开展与自己业务密切相关的 CSR 活动时，比较容易引起消费者对其动机的怀疑，被称为“逆火”效应(Yoon、Gurhan-Canli 和 Swartz，2003)。然而比较有趣的是，当 CSR 行为有利于社会或者非营利组织，并且同时也能够给企业带来一定的利益时，部分消费者则表现出宽容和支持的态度。还有一个重要的认知因素就是消费者—企业认同，主要是指 CSR 行为所披露出来的企业特征与他们自身一致性的程度(Bhattacharya 和 Sen，2004)。消费者希望对自我进行定义并确定其社会身份，就会不自觉地感知企业特征与自我的一致性和交叉程度(Bergami 和 Bagozzi，2000)，进而就会表现出一系列忠诚于企业的行为来，例如：重复购买产品或口碑传播。

在文献梳理过程中我们发现，研究较多的还是消费者对 CSR 行为的归因。从企业视角来看，Maddox(1981)认为纯粹的利他动机往往来自于企业领导者、高层管理个人价值观念的延伸，也有可能来自于社会公众的期望(Hsieh 和 Young，1996)。部分研究者认为企业的社会责任是一种利己行为(File 和 Prince，1998)。因此，强调利己动机的企业在作出贡献的同时，也希望在未来获取一定的汇报，以最大化企业的利润，或与其他组织交换所需要的资源(Galaskiewicz 和 Rauschenbach，1988)。在 Swanson(1995)提出的 CSR 再定位模型中，他提出企业从事社会责任行为主要有三种动机：经济、积极义务和消极义务。经济动机包含企业的绩效目标，如销售额、利润和投资回报率。积极义务是指企业可能为了帮助他人而进行社会责任活动，而消极义务则指企业的动机可能是为了满足股东的期望①。Maignan 和 Ralston(2002)则通过分析企业在网站上的自我表述，将企业的社会责任行为的动机归纳为绩效驱动、价值驱动和股东驱动。

从消费者的视角来看，Ellen(2006)在总结企业视角动机研究的基础之上，将消费者对 CSR 行为的归因在利他动机和利己动机的基

① Swanson, Diane L. Addressing a Theoretical Problem by Reorienting the Corporate Social Performance Model. Academy of Management Review, 1995, 20(1): 43-64.

础上进一步细化，将动机区分为价值驱动型利他、股东驱动型利他、战略型利己、自私自利型的利己四种①。其中，价值驱动型利他和战略型利己是消费者的积极归因，而股东驱动型利他和自私自利型利己是消极归因。这里的归因主要指消费者想办法理解 CSR 行为背后的因果推理，换句话来说就是想弄清楚企业为什么要开展这项 CSR 行为。因此，归因的结果在很大程度上影响了他们对企业社会责任活动的响应与支持。有的时候，消费者不仅质疑企业为什么履行这项社会责任活动，而且还对他们从事 CSR 行为动机的诚意比较敏感。一个被访者曾说：企业支持某项社会责任活动，并不能真正说明他们就真的关注这项活动，他们关心的只是自身的利润，这样的伪善行为只会让大家离他们远远的②。

(二)企业伪善感知

由此可见，伪善是消费者认知反应当中一个很重要的因素。所谓企业伪善主要指一个企业声明了其 CSR 行为和活动，但是却没有履行该行为和活动，或者说 CSR 行为所产生的结果与声明时相差较大。因为通常情况下，人们若是对一个人产生伪善的感知，就说明该人最初的声明与后来的绩效结果出现了较大的距离(Shklar，1984)。尽管先前的研究是基于个人或社会心理学的，但已有的研究已经暗示：对于人类的某些研究结果，是可以套用或平移至企业或组织层面的③。例如：在营销文献当中，对于品牌个性(包括具体的产品和企业)的研究就是以人类个性为基础的(Aaker，1997)，这样一个观点在营销管理当中已经普遍被接受(Ogilvy，1983)。因此，企业或组织像人一样，当观察到它们的声明与行为出现较大距

---

① Ellen，Pam Scholder，Deborah J. Webb，Lois A. Mohr. Building Corporate Associations：Consumer Attributions for Corporate Socially Responsible Programs. Journal of the Academy of Marketing Science，2006，34：138-147.

② Bhattacharya，C. B.，Sankar Sen. Doing Better at Doing Good. California Management Review，2004，47(1)：9-24.

③ Hamilton，D. L.，Sherman，S. J. Perceiving Persons and Groups. Psychological Review，1996，103：336-355.

离的不一致的信息时，也可以被感知是伪善的。当然，我们承认企业伪善和个人伪善并不完全等同。为此，结合本书的研究内容，我们将视消费者对企业 CSR 行为的伪善感知为重要的中介变量，并通过实证检验其中介作用。

二、消费者情感反应

心理学家迈尔斯指出态度由认知、情感和行为意向三个要素构成，因此，在信息处理过程中，仅仅有认知反应是不够的，因为个体接触到信息后，还有可能会产生情感或情绪方面的反应，进而影响到对客体的评价①。例如：顺利完成工作任务使人轻松和愉快，失去亲人带来痛苦和悲伤；敌人的挑衅引起激动或愤怒；遭遇危急可能引起震惊或恐惧；美好的事物使人发生爱慕之情，丑恶的现象令人产生憎恶之感。所有这些喜、怒、悲、愤等，都是人类的具有某种独特色彩的体验，而这些不同的体验，是以人的不同态度为转移的②。

（一）情感和情绪

实际上，情绪和情感就是人对客观事物的态度的一种反映。人对客观事物采取怎样的态度，要以某事物是否满足人的需要为中介；客观事物对人的意义，也往往与它是否满足人的需要有关③。同人的需要毫无关系的事物，人对它是无所谓情感的；只有那种与人的需要有关的事物，才能引起人的情绪和情感。而且根据人的需要是否获得满足，情绪和情感具有肯定或否定的性质。凡能满足人的需要的事物，会引起肯定性质的体验，如快乐、满意、爱等；凡不能满足人的渴求的事物，或与人的意向相违背的事物，则会引起

---

① Raman NV, Chattopadhyay P, Hoyer WD. Do Consumers Seek Emotional Situations: the Need for Emotion Scale. Adv Consum Res, 1995, 22: 537- 542.

② Suri R, Monroe KB. . The Effects of Need for Cognition and Trait Anxiety on Price Acceptability. Psychol Mark, 2001, 18: 21-42.

③ Singh SN, Lessig PV, Kim D. Does Your Ad Have too Many Pictures. Journal Advert Res, 2000, 40: 11-27.

否定性质的体验，如愤怒、哀怨、憎恨等①。情绪和情感的独特性质正是由这些需要、渴求或意向所决定的。

情绪和情感是十分复杂的心理现象，西方心理学著作常常把无限纷繁的情绪和情感概统称为感情（Fabrigar 和 Petty，1999）。这样感情的概念就包括心理学中使用的情感和情绪两个方面。情绪和情感是从不同的角度来标示感情这种复杂的心理现象的。要想把它们作严格的区分是困难的，但本书认为人类在社会历史发展进程中所形成的稳定的社会关系决定着人们对于客观世界的态度，对于这些受社会关系所制约的态度的反映，就是人类所特有的情感。与情绪相比，情感更加稳定、更加长期持久，再加上在研究设计中情绪的操作难度比较大，干扰因素过多。因此，本书将使用情感这一变量作为研究的对象，并使用前人开发的量表进行测量。

（二）人类情感的内涵

根据文献回顾，在总结杨中芳（1999）的真有之情和应有之情，张志民和杨中芳（1999）的人情研究，杨国枢和叶明华（2008）的中国家族主义的情感内涵的基础上，我们认为人类情感可划分为狭义和广义两个层面，狭义层面主要指个人情感，即关注个体自身的主观感受，是发自个体内心真实的情感；广义层面主要指社会情感，即与道德密切相关，带有义务的成分，是文化身份认同的结果，为一个群体所共同拥有②。实际上，个人情感存在着一个核心的关系命题，那就是像前文所讲的在互动中赋予情感的意义。此类情感与互动中人们的动机和需要密切相关，若是人们的动机未实现和需要未被满足，那么人们就会感觉到沮丧、悲伤或愤怒；反之，人们就

---

① Zhang Y, Buda R. Moderating Effects of Need for Cognition on Responses to Positively versus Negatively Framed Advertising Messages. Journal of Adverting, 1999, 28: 1-15.

② 杨国枢，余安邦．中国人的心理与行为：理念与方法篇．台北：桂冠图书公司，1992.

会产生喜悦、愉快和高兴等情感①。比较有代表性的情感，例如：人与人之间的喜爱、相互依恋等情感均是发自个体内心的真实想法和感受，大部分源于人们心理上的共鸣或体验，不带有任何义务的成分。与此不同的是有学者从更高的层面提出社会情感的概念(Rime，2009)，主要是因为个体的存在并非孤立，而是社会的一部分，人们的情感也必然与社会结构密切相关，具有亲社会的特质，与道德行为是分不开的，带有较强的义务性成分。例如：民族中心主义和爱国主义精神就是代表性的社会情感，这种情感来源于个体对自我身份在社会(或文化)层面上的认同。因此，可以说文化是这种认同的根源。

(三)相关文献回顾

由于本书主要研究 CSR 超/低规范行为对品牌形象的影响，所以 CSR 超/低规范行为的表达与展示必将引起消费者对品牌情感的变化。因此，我们首先将会对以往与消费者—品牌情感相关概念进行回顾。实际上，在对 CSR 及其行为研究的文献梳理过程中，我们发现极少有学者研究 CSR 及其行为对消费者—品牌情感的影响，也极少有学者探讨与情感相关变量的中介作用，这无疑为本书留下了研究的空间。在广泛阅读与消费者—品牌情感相关文献之后，我们发现以往学者从不同的视角研究了消费者对品牌的情感，例如：Thomson 等(2005)的品牌依恋，Brakus 等(2009)的品牌体验以及 Carroll 和 Shuvia(2006)的品牌至爱。并在此基础上，还有学者发展了很多相关的概念和测量量表，例如：情感强度(Geuens 和 De Pelsmacker，1999)，感觉信念(the feeling-belief，Hadddock 和 Zanna，1993)和情绪的需要(the need for emotion，Raman 等，1995)。但无论怎样，这些研究成果并不存在 CSR 及其行为的研究方向和领域，所以对本书的主题来讲意义不大，故而不再赘述。

---

① Harris WD，Moore DJ. Affect Intensity as an Individual Difference Variable in Consumer Response to Advertising Appeals. Adv Consum Res，1990，17：792-797.

令人感到欣慰的是我们发现在浙江工商大学陈业玮(2010)的博士论文当中，研究了情感依恋对企业社会责任和消费者忠诚意向的影响机制。该论文从消费者—品牌关系的角度出发，分析了消费者情感依恋在CSR和消费者忠诚意向间的中介作用，并分别检验了消费者个性特征中的利他性、自我提升以及活动需求在CSR-消费者情感依恋当中的调节效应。数据分析结果表明：情感纽带是消费者—品牌关系的强烈联结，CSR水平与消费者情感依恋呈正向关系；而消费者情感依恋与消费者忠诚意向也呈正向关系①。因为CSR成为消费者向企业投入情感依恋的重要信息来源，成为消费者—品牌情感纽带的重要决定因素。

(四)消费者—品牌情感

同样，与品牌个性的逻辑一样，品牌似人，消费者—品牌间的关系也类似于人际关系(Fournier，1998)。消费者通常对能够帮助自我身份建构的参照品牌容易形成一定的情感关系，这些借助特定的消费者行为与品牌所建立起来的联系，不仅包括个人特征及表达的自我联结(Belk，1988)，还反映消费者的群体身份特征及认同，如内团体和外团体(Han等，2010)。从这个角度来看，消费者—品牌情感在某种程度上类似于人际情感，即消费者对品牌同时存在两个不同层面上的情感：个人和社会情感。

从消费者—品牌的个人情感来看，它们是建立在消费者与品牌重复亲密接触的基础上。消费者—品牌的个人情感的最高境界即品牌至爱，也就是指在消费者对品牌产品质量和服务方面感知的基础上，满意消费者对特定品牌狂热的情感依恋，包括了消费者对品牌的积极评价、热情和依恋(Carroll和Ahuvia，2006)。品牌依恋是品牌至爱的核心，也是消费者—品牌间强烈的情感联结，带有强烈的主观体验，由三个维度构成：情感、激情和联结(Thomson等，2005)。但是由于本书主要研究CSR行为的表达和展示激发消费

---

①　陈业玮．情感依恋对企业社会责任和消费者忠诚意向的影响机制研究．浙江工商大学博士论文，2010.

者—品牌的个人情感，为了便于操控和结果的显著性，因此，本书所研究的消费者—品牌间的个人情感属于情感建立的初级阶段。那么就不能采用品牌至爱和品牌依恋这样的概念，而是需要借鉴 Laros 和 Steenkamp（2005）所提出的品牌情感的分类。因为这是目前为止对品牌情感研究内容与结构最为全面的结论。他们主要根据基本的正负效价将品牌情感划分为八大类，负面情感主要包括愤怒、哀伤、惭愧和恐惧；正面情感主要包括快乐、满足、喜爱和骄傲。并且每个类别还包含具体的情感类型，例如：愤怒包括嫉妒、恼怒和不满等；喜爱包括狂热、浪漫、喜欢等。

从消费者—品牌的社会情感来看，立足于本土文化的视角是最为合适的，因为社会文化是人类社会情感的根源，也是来源。而本土文化当中非常重要的特征就是家族主义，它是理解中国人情感的很重要的一个概念（杨中芳，1999）。随着个体道德发展阶段的提升，家族的范畴就会被向外推广，此时泛家族化就会产生，也就是“己化”的范围逐步扩大。那么，此时的个体较倾向于将家族当中的人际关系法则平移至其他的社会组织或团体（例如：家乡和国家）。国家和家乡这些抽象的家族之外的团体常常被视为家族，比如：在本土文化当中，人们常常将国和家联系在一起，诸如保家卫国、国家等（杨国枢等，2008）。而其中我们经常谈到的对于内团体或外团体的认同就是家族化的一个重要结果，当个人受到某些行为或信息的刺激时，将会产生强烈的归属感，并产生偏爱的情感，尤其是在灾难性事件的背景下。为此，本书将结合个人情感和社会情感（黄静和林青蓝，2010），研究 CSR 超/低规范行为对品牌形象的影响。

三、文献述评

根据上述对消费者认知和情感反应的文献回顾不难看出，就消费者认知而言，以往学者大多是从态度、动机归因、CSR 与业务匹配等方面进行研究；而消费者情感则多从品牌至爱、品牌依恋以及情感强度等方面进行研究。虽然取得大量的研究成果，但通过部分研究的暗示说明，我们发现依然留有一定的研究空间。

第一，尽管以往学者对 CSR 行为所引起的消费者认知和情感反应进行了大量的研究，就像谢佩洪和周祖城(2009)在研究中国背景下 CSR 与消费者购买意向关系的过程中所提到的，目前学者们对 CSR 在消费者层面的影响机制，消费者对 CSR 的心理反应等方面的研究仍然十分有限。

第二，就消费者认知而言，尽管以往学者从态度、动机归因、CSR 反应时机以及 CSR 与业务匹配等方面进行了研究，但是较少有学者研究消费者对 CSR 行为的伪善感知。与之较为接近的是 Wagner 等(2009)在研究 CSR 不一致信息时提到企业伪善感知，但与本书研究存在较大的区别。因为 CSR 不一致信息与 CSR 前台行为偏离存在着显著的不同，信息只是传播的内容，而前台行为偏离涉及消费者内心的行为规范标准和体系。

第三，就消费者品牌情感而言，以往学者大多从品牌至爱、品牌依恋以及情感强度等方面进行研究，较少有人从消费者品牌情感进行分析。即便是提到消费者品牌情感，也仅仅是属于个人情感层面，而企业社会责任不仅可以激发消费者—品牌的个人情感，也可以激发消费者—品牌的社会情感。因为从企业社会责任定义当中提到“社会”，并且也有学者在给 CSR 定义时提到亲社会行为。

第三节　相关调节变量

显然，我们在前面对本书的研究主线“CSR 超/低规范行为—消费者认知和情感反应—品牌形象”进行了文献回顾。本节将对相关调节变量进行文献梳理，正如前面在对 CSR 及其行为进行分析时所提到的。对于调节变量的研究，以往学者主要集中于三个层面：消费者层面、企业层面和文化层面。在企业层面的研究忽视了品牌来源国的影响；在文化层面的研究过于简单，仅仅依靠霍夫斯塔德的文化维度测量了各国消费者对 CSR 不同层面责任的重视程度，却忽视了文化思维的影响；从整体上来看，较少有学者关注 CSR 前台行为发生的社会情景。但这些问题在营销实践中却频繁发生，始终困扰着 CSR 前台行为的表达和展示。为此，本节将对品牌来源国、社会情景和文化思维三个方面进行梳理，为后面的模型构建、假设推理及研究设计做铺垫。

一、品牌来源国

来源国(Country of Origin，COO)最早指生产产品的国家，也称制造国(Country of Production or Manufacture)，一般可以通过产品或其包装上的"Made in ..."来确认(Schooler，1965)。后来，由于国际化企业发展的需要，出现了原材料、生产、组装及销售方面的分离，导致整个供—产—销的全球化及"杂交"产品(hybrid product)的出现。杂交产品主要指某产品的研究设计在其母国，但是其生产和组装可能在其他国家，而且产品的配件也来自不同的国家。如此一来，有学者认为，在经济全球化的背景下，杂交产品的普及使得来源国的效应将不复存在(Anderson 和 Jolibert，1995)。但是也有学者持相反的观点，认为国家化全球化的分工将会更加强化来源国效应。因此，来源国进一步细分为：制造地、设计地(country of designing)、组装地(country of assembling)和生产厂商的国籍等(Papadopoulous，1993)。

尽管如此，来源国效应看似变得复杂和混淆，可有的学者认为国际化企业品牌的影响力不断强大，最终使得品牌的因素远远超出制造地或设计地，而更能够影响消费者对产品质量的评价(Dzever 和 Quester，1999)。再加上全球化的企业可以通过全球资源的配置生产、研发和营销，同一品牌同一企业下的同一种产品的质量变得趋向一致，所以单纯的设计地和制造地变得不再那么重要(Huabl 和 Elrod，1999)。继而品牌来源国效应取代产品来源国效应，也就是品牌的国籍已远远超出了产品制造或生产厂商的国籍(Lee 等，2001)。为此，结合本书研究主题，我们将以品牌来源为变量研究其在"CSR 超/低规范行为—消费者认知和情感反应—品牌形象评价"影响过程中的调节作用。

此后，学者们展开了对品牌来源国效应的研究。首先从品牌来源国的构成来看，有学者研究了研发设计、生产地、组装地、高层管理者的出身以及营销沟通等方面对品牌来源国感知的影响

(Mrugank 和 Anne，2003)。其次也有学者分别从产品和品牌的层面研究了品牌来源国对结果变量的影响，例如：产品质量感知、品牌形象评价、价格期望、价值感知、购买意向、品牌资产等(Pecotich 和 Rosenthal，2001)。最后，研究最多的是在“品牌来源国感知—因变量”影响过程中的调节变量，例如：文化差异(Gürhan 和 Maheswaran，1999)、产品类别和消费情景(Essoussi 和 Merunka，2007)、品牌熟悉度和产品知识(Jin、Chansarkar 和 Kondap，2006)、产品涉入度和消费者知识(Readon 等，2006)、产品类别—国家联想(Ravi 和 Pascale，2005)、在品牌联合中的作用(Amine 等，2005)、品牌困惑(Guijun Zhuang 等，2007)、个体信息加工处理方式(Yong Zhang 等，1996)、强势品牌和弱势品牌以及评价模型(Po-Young Chu 等，2008)。

不难看出，无论是从前文 CSR 文献回顾还是从来源国文献回顾来看，均没有学者将两者结合起来进行研究。但事实上，不同来源国的品牌在某一国市场履行 CSR 行为或活动，将会激发消费者不同的认知和情感反应。最近研究表明：在对内团体和外团体捐赠时，性别认同和道德认同起着重要的调节作用(Winterich 等，2009)。由此可见，品牌来源国效应将影响消费者对 CSR 行为的感知。再加上消费者民族中心主义，所以对于本土或本国品牌消费者更可能认为是内团体，而对于境外或外国品牌来讲，消费者更可能认为是外团体。而研究表明：人们在交往过程中，对内团体和外团体所承担的责任和义务以及交易规范都存在较大差异(Flippen 等，1996)。因此，本书将研究品牌来源国这一变量在“CSR 超/低规范行为—消费者认知和情感反应—品牌形象评价”过程中的调节作用。

但问题是品牌来源国效应在很大程度上受品牌命名的影响，因为庄贵军等(2007)①的研究表明：消费者对品牌来源国存在很大程度的困惑，而这种困惑主要指不清楚该品牌属于哪个国家。于

① Guijun Zhuang, Xuehua Wang, Lianxi Zhou, Nan Zhou. Asymmetric Effects of Brand Origin Confusion: Evidence from the Emerging Market of China. International Marketing Review, 2008, 25(4): 441-457.

是，很多消费者开始根据品牌名称来对品牌的来源国作出判断。由此我们将谈到品牌命名，因为它是消费者对品牌记忆的最关键的线索之一（Robertson，1989），同时也是消费者进一步进行信息处理和品牌有效定位的先决条件（Aaker，1991），其主要功能在于所传递的描述性和劝说性信息的程度。而这种信息的传递对消费者来说常常会起到提示的作用，进而激发消费者记忆结构当中的联想节点，最终实现对品牌来源国的推断和评价（Aaker 和 Keller，1990）。例如，仿古品牌会让消费者联想到历史悠久、传统与古典等词汇；而仿洋品牌则会让消费者联想到历史较短、时尚与现代等词汇（高辉等，2010）。因此，不少消费者将会因为品牌困惑而不清楚品牌来源国，那么在本书的研究设计部分，一方面我们会明确主动告诉被试品牌的来源国；另一方面我们将会通过虚拟的品牌命名控制被试因名称而产生的联想。

二、社会情景

情景的概念最早由美国社会学家托马斯与兹纳尼茨基合著的《波兰农民在欧洲和美国》一书中提出，后来德国心理学家莱温在其物理—心理场的理论中进一步研究了心理环境问题（Abelson 等，1968），并用公式表示行为与情景之间的关系：B＝（P，E），式中 B 为行为，P 为个体，E 为情景的函数关系。从文字定义来看，社会情景（social situation）主要指与个体或组织直接联系的社会环境，即与个体心理相关的全部社会事实的一种组织状态（Bless 等，1990），是社会心理学领域的一种重要概念。后来社会心理学家奥尔波特把社会情景分为三类（Hess 等，1995）：真实的情景、想象的情景与暗含的情景。真实的情景是指人们周围存在的他人或群体，个体与他人或群体是处于直接面对的相互影响之中。想象的情景是指在个体意识中的他人或群体，双方通过传播工具间接地发生相互作用。暗含的情景是指他人或群体所包含的一种象征性的意义，个体与具有一定身份、职业、性别等特征的他人或群体发生相互作用，也是一种影响个体行为的社会情景。

社会心理活动直接受社会情景的作用，一般意义上的社会环境只有经过情景才对社会心理起作用(Friesen 和 Wallace, 1973)。社会心理学最关心的是个体与具体环境的关系，个体对具体环境的定义。同一行为、同一刺激在不同社会情景下，会产生不同的心理反应(Dean 和 Kathryn, 1989)。例如，儿童在家跌倒时，看到、听到或想象到父母的亲昵，往往会放声大哭；在学校里跌倒时，看到、听到或想象到的往往是师长的鼓励，多半会自己爬起而不哭。社会情景与社会环境是两个既有联系又有区别的概念(Smith, 1945)：社会环境包括整个社会存在与社会意识，社会情景只是社会环境中与个体直接发生心理联系的那些特定部分；社会环境对于个体来说，是纯客观的，不同个体可以处于同样的社会环境之中，而社会情景则是主客观之间的统一，每一个体总是处于一定的社会情景之中；社会情景往往被个体所意识到，并直接影响着个体心理，而社会情景以外的社会环境则是在未被个体所意识到的情况下，间接地对个体心理发生着影响，其作用犹如社会情景的背景。因此，本书选择社会情景而非社会环境作为研究变量。

在营销领域，也有很多学者将社会情景的概念引入，并针对不同的问题展开研究，取得大量的研究成果。例如，在广告情景中，常常说服消费者如果购买产品，将会从产品中获益。为了达到这一目的，广告常常通过一个很有吸引力的场景鼓励消费者，描述人们使用该产品时是多么愉快(Green 和 Brock, 2000)。如果消费者能够进入情境，将会激发他们正面的情感反应，因为将会促进产品的销售(Escalas, 2007)。显然，在这些情景下，消费者将会从他们的行为(购买该产品)中获益，但还有一些情景是他人从消费者的行为当中获益。那就是当一个广告想要说服消费者去帮助别人的时候(例如捐钱给受害者)，将会激发他们所想象的情景与一个潜在的被帮助者相冲突，而这种冲突将会大大降低广告的效力(Petrova 和 Cialdini, 2005)。为此，有学者研究在慈善捐赠广告当中，与出现帮助者相比，当出现受害者的时候，消费者的捐赠意愿会更高(Hung 和 Wyer, 2009)。在此基础上，有学者更进一步地研究了受害者表情，研究表明(Small 和 Verrochi, 2009)：与出现幸福或中立的表情相比，当受害者出现痛苦的表情时，更能够激发捐赠者的怜悯和同情之心，从而提高人们的捐赠意愿和捐赠金额。不难看出，不同的情景将激发人们对社会责任行为的感知和思维，但是以往学者对于社会情景研究较为具体。因此，本书拟从更高更抽象的层面，研究社会情景（灾难/平时）在消费者对 CSR 行为认知和情感反应过程中的作用。

三、文化思维

文化思维很重要，因为它很大程度上影响了人们的心理和行为（Ji、Nisbett 和 Su，2001）。自从霍夫斯塔德（1980）第一次从国家层面提出文化维度①，即集体主义/个人主义、权力差距、不确定性规避、长期/短期趋向、男性/女性气质之后，各领域的专家学者们就将其引入各自的专业，以此为切入点进行研究。实际上，关于个人主义和集体主义的文献提供了一个相对系统的清单，也就是将一个文化内个人主义和集体主义的前因后果梳理得非常清楚（Oyserman、Coon 和 Kemmelmeier，2002）。尽管那些文化差异间的独家报道，在过去对文化和认知的研究中，不可避免地传递并唤醒了社会心理学的主流，但它并不意味着文化内部的差异和他们潜在的社会化过程是不重要的（Nisbett，2003）。虽然我们已经看到在东方人和西方人的认知方面存在很多差异，但是随着经济全球化趋势的发展，各国文化也在不断地进行融合而多元化，不少以往文化间的差异在目前的文化内开始出现（Schimmack、Oishi 和 Diener，2005），所以本书所探讨的文化思维存在于本土文化内，而非存在于国家与国家层面的文化间。

在文化思维中，较为突出的就是个体间在整体型和分析型思维之间的差异（Incheol、Minkyung 和 Jong，2007）。研究结果普遍表明：东方人具有整体性思维风格，因为他们认为世界上每一个元素都存在一定的内在联系，而西方人则认为每一个元素都是独立的（Munro，1985）。对于文化研究，非常知名的 Nisbett 教授和他的同

---

① Hofstede，G.. Culture's consequences：International differences in work-related values. CA：Sage，Beverly Hills，1980.

事针对不同的社会和认知领域，对比东西方人指导了一系列的实验研究，像注意（Chua、Boland 和 Nisbett，2005）、归因（Choi 和 Nisbett，1998）、分类（Choi、Nisbett 和 Smith，1997）、记忆（Masuda 和 Nisbett，2001）、逻辑推理（Norenzayan 等，2002）、冲突的容忍度（Peng 和 Nisbett，1999）。最终在别的学者和实践检验的基础上，Nisbett 和他的同事（2001）从注意、变化的感知、因果关系和冲突四个方面提供了一套完整的理论模型，用于解释分析型和整体型思维方式间的差异①。

首先是注意包括背景（field）和目标物（parts）。也就是在东方人整体思维中，人们较倾向于关注背景和目标物之间的联系。相比之下，分析型的西方人则更加倾向于关注目标物本身，而非目标物所属的背景（Hedden 等，2000）。在这样显著的分配差异上，东方人将比西方人更加容易看到整幅图片，而非个体的目标物，但对于西方人来说，结果恰恰相反（Witkin 等，1974）。因为东方人比西方人更加依赖于背景，他们很难将目标物从背景中分离来看，而西方人却很容易将目标物从背景中分离（Ji 等，2000），在两种文化间的这种差别甚至存在于眼球的滚动上（Chua 等，2005）。其次因果关系包括相互影响（interactionism）和相互独立（dispositionism）。在解释因果关系方面，东方人常常假设因果关系是以复杂的形式出现，关注行为者与他的背景之间更多的关系和相互影响，而西方人则主要考虑行动者与所处背景间的相互独立。结果是在做出归因之前，东方人比西方人要考虑大量的信息（Choi 等，2003），在做基础的归因时，与西方人相比出错率更少（Choi 和 Nisbett，1998）。

然后是变化的感知（perception of change）包括循环的（cyclic）和线性的（linear）。因为东方人相信元素相互间是内部相关的，他们倾向于认为一个现象并非静态，而是处于一种不间断的变化当中。相比之下，西方人感知大部分的目标物是独立的，其本质是没有不

---

① Ji，L.，Nisbett，R. E. Culture，Language and Relationships vs. Categories in Cognition. Unpublished manuscript，University of Michigan，Ann Arbor，2001.

间断地产生剧烈变化，也没有被别的因素所影响。因此，当预测未来的事件时，东方人倾向于拥有一个循环的观点，认为是不间断的波动，而西方人则维持线性的观点，希望变化或稳定像过去一样有着相似的模式（Ji、Nisbett 和 Su，2001）。最后是冲突(contradiction)包括中庸思维(naïve dialecticism)和极化思维(formal logic)。当出现冲突时，东方人倾向于追求一种折中的做法。例如，当他们在辩论一个问题时，东方人常常尽力在两个方面的基础上达到一个折中(Peng 和 Nisbett，1999)，在这种情况下，同时达到一致，均可被接受。相比之下，极化思维的西方人解决问题的方法就是选择冲突的一方，主要的差异在于中国学生偏好于中庸，而西方学生偏向于极化(Peng，1997)。而结合本书的研究主题 CSR 前台行为偏离对品牌形象的影响，我们选择看待冲突或偏离的方面，也就是中庸和极化思维的一种体现方式。

四、文献述评

从上述文献可以看出，以往学者在 CSR 研究领域当中对调节变量的研究主要聚焦于三个层面：消费者层面、企业层面和文化层面，而较少注意品牌个体特征、CSR 行为展示时的社会情景以及文化层面当中的文化思维。但已有的研究已经暗示，这三个方面层面的因素将会影响消费者对 CSR 行为的认知和情感反应。所以，以往学者在 CSR 领域当中对调节变量的研究存在一定的局限。

第一，根据人际关系理论的推导，品牌来源地将在 CSR 行为对消费者认知和情感反应过程中起到影响作用。原因在于本国消费者通常视本国品牌为内团体的成员，而视国外品牌为外团体的成员。进一步来说，在人际关系当中，内团体成员与外团体成员相互间所承担的责任是不一样的。例如：Flippen 等(1996)的研究表明：内团体和外团体间所承担的责任和义务以及交易规范都存在较大差异(Flippen 等，1996)。更进一步的是 Winterich 等(2009)在慈善捐赠时发现，在对团体和外团体之间存在显著的差异。

第二，以往学者已经研究了社会情景对消费者认知和情感的影响，但大多是应用在广告说服、服务补救等方向，而在企业社会责任这个方向研究社会情景的较少。但是最近关于 CSR 的几篇研究已经暗示社会情景的重要影响作用。例如：黄敏学等(2008)以“5・12”汶川地震为社会情景对企业被逼捐进行了深入剖析；费显政等(2010)以“5・12”汶川地震为社会情景对企业社会责任声誉溢出效应进行了探讨；Karen 等(2009)以卡特里娜飓风引起的灾难性事件研究了向内团体和外团体捐款的差异及其原因①。

第三，在 CSR 研究领域，以往学者对文化层面影响作用的研究比较简单，也就是将霍夫斯塔德国家层面的五个维度借来，检验了不同国家的消费者对 CSR 不同层面的社会责任侧重点不同。然而，事实上文化层面的因素并仅仅在于此，还有更多的是文化间或文化内思维模式的差异，也就是说整体型思维和分析型思维。而这点在营销领域别的方向已出现大量的研究，但在 CSR 研究方向依然较少，为此，我们结合本书研究主题，选取了整体型思维和分析型思维下四个维度当中的一个—中庸思维和极化思维进行研究。

① Karen Page Winterich, Vikas Mittal, William T. Ross Jr.. Donation Behavior toward In-Groups and Out-Groups: The Role of Gender and Moral Identity. Journal of Consumer Research, 2009, 36(2): 199-214.

第三章　相关理论与 CSR 间的关系

为了给本书后续研究提供理论基础，本章将从市场导向、社会规范、拟剧论和社会比较等几个方面，阐述它们与 CSR 间的关系（见图 3-1）。具体思路如下：首先对 CSR 行为导向进行评价与分析；其次对 CSR 行为规范及行为偏离做探索性的讨论；再次在 CSR 行为沟通策略的基础上，对 CSR 行为前台（化）运作模式进行解读；最后对 CSR 行为比较研究进行述评。

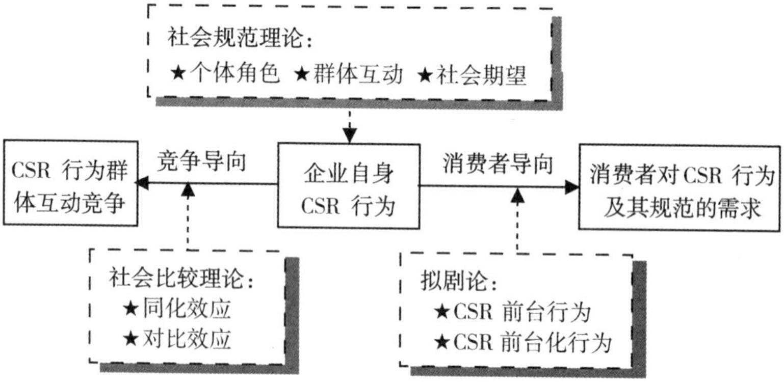

图 3-1　相关理论与 CSR 间的关系

第一节　市场导向与 CSR

一、市场导向理论

市场导向理论发展于 20 世纪 90 年代初期，经过学者们十几年的努力，这一领域的研究已经涵盖了市场导向的定义、测量以及与企业绩效关系等多方面的内容。虽然如此，这一领域的研究仍然存在很多问题，如市场导向的界定与营销新观念的发展相脱节、缺乏适合中国环境的市场导向量表以及对市场导向在企业的演进过程缺乏了解等。

关于市场导向的定义，比较广泛地被认同和接受的是 Kohli 和 Jaworski 给出的规范定义："市场导向就是组织范围内有关目前和未来顾客要求的市场信息的产生，通过各部门的信息传播和整个组织对市场信息的反应性。"Robert Ruekert 把"市场导向"定义为一个经营单元：获取和应用来自于顾客的信息；发展满足于顾客需要的战略；实施该战略以对顾客的需要和需求作出反应。Narver 和 Slater 通过实证研究得出：市场导向是一维构成体，包括三个行为要素：顾客导向、竞争者导向、职能间的协调和两个决策标准：长期性中心和赢利性目标。

结合本书的研究内容，我们认为市场导向是个战略层面的问题，企业履行 CSR 行为同样需要市场导向，主要关注两个方面：竞争对手和消费者。因为 CSR 作为一种无形的社会公共产品，同样需要满足消费者的需求，并且要与竞争对手形成差异，只有这样才能取得良好的效果。

二、市场导向与 CSR

关于 CSR 行为导向，以往学者主要从三个方面出发：资源基础、利益相关者和社会问题。资源基础导向主要是从企业内部视角看待 CSR 行为的资源输入，研究企业所拥有资源的多少与 CSR 战略选择间的关系(Krishna，2008)。而利益相关者和社会问题导向则偏重于从企业外部视角看待 CSR 的输出。前者主要研究如何通过 CSR 的输出来平衡股东、员工、消费者及供应商等之间关系(Max，1995)；后者主要研究如何通过 CSR 的输出来解决社会问题(Archie，1979)。随后有学者将资源基础与利益相关者导向相结合，从资源基础理论视角逐一探讨了不同群体对 CSR 输出的需求(Abagail 和 Donald，2001)。也有学者将资源基础和社会问题导向相结合，分析在 CSR 与企业战略融合的过程中，如何根据企业自身的资源来选择并解决社会问题，以此输出 CSR（许正良和刘娜，2008）。

实际上，作为社会产品 CSR 行为的输出同样应该遵守市场导向的逻辑，因为 CSR 行为的输出也需要以消费者需求和群体竞争为导向（Narver 和 Slater，1990）。前者主要指企业要持续提供超期望的 CSR 行为来满足消费者需求（Day 和 Wensely，1988；Kohli 和 Jaworski，1990）；后者主要指与竞争对手相比，企业应提供差异化和针对性的 CSR 行为以满足消费者的需求（Hubert 和 Jean，1997；Biehal 等，2007）。而这一切的前提就是要弄清楚消费者对 CSR 行为及其规范的需求，同时还要把握竞争对手的 CSR 行为（Kotler，1988）。

三、评价分析

不难看出，以往学者对 CSR 行为导向的研究无非是 CSR 输出与输入间的匹配，忽视了 CSR 输出过程中所要遵守的行为规范。尤其是消费者眼中企业个体角色、群体互动和社会期望三个层面的 CSR 行为规范。

以往研究较少从企业群体层面关注 CSR 行为的互动与竞争。实际上，CSR 早已成为企业间竞争的手段之一，但由于大多数企业对 CSR 内涵的理解基本上来自于金字塔层级模型，因此，所提供的 CSR 行为同质化比较严重，难以形成差异，产生竞争优势。

基于此，本书主张企业应按照市场导向的逻辑，把 CSR 行为看做一种无形的社会产品，作为 CSR 行为的供给者，企业需要以消费者对 CSR 行为及其规范的需求和 CSR 行为群体竞争为导向制订 CSR 战略规划。

第二节　社会规范与 CSR

一、社会规范理论

社会规范是人们在社会生活的长期实践中累积形成的，用以调节其成员与成员、成员与社会的行为标准、准则或规则(本书所采用的定义)。它是某一社会用来调节人的社会行为、控制社会秩序、维护社会稳定的工具。一方面是对人们社会行为和社会关系普遍规律的反映，是一定社会人们行为和相互关系基本要求的概括。另一方面，它通过某种习俗、传统方式固定下来或由国家及社会组织认可，构成一定社会成员普遍遵循的行为准则。

社会规范可分为成文的和不成文的两类。风俗习惯、部分道德规范及部分法律规范、宗教规范是不成文的；法令、条例、规章和大部分法律、重要的教规是成文的。风俗、道德、法律、宗教等是社会规范的各种具体形式。风俗习惯是出现最早、最普遍的一种社会规范。自发的行为规范被人们反复不断地长期遵循，便成风俗。故风俗一般是传统的、长期存在的。它的作用是在没有外部压力的情况下实现的，主要通过模仿转化为人们的习惯行为。

道德规范是比风俗习惯高一层次的社会规范。人们对那些与社会共同生活关系较为重要的事物与行为，给予是非、善恶、公正或偏私的评价，加以褒贬，由此形成道德标准。一个国家、地区或民族，有着若干共同的道德标准，这些标准不因社会形态的变化而中断，一般是可以继承的。在阶级社会中，既有全民族的道德，也有阶级的道德。阶级的道德规范将随着社会的变迁和阶级的变化而变化。道德规范是一种内化了的行为规则，道德行为是自觉采取的；违反道德的行为，要受到社会舆论和良心的谴责。

法律规范是阶级社会特有的现象，是一种具有强制性的行为规范。它由国家制定或认可，并由国家机构保证其实施。法律规范肯定了占统治地位的社会关系，体现了统治阶级的意志，但是它又是以全民的形式出现的。某些法律规范在不同程度上反映了社会全体成员的共同愿望，因此，法律规范也具有普遍性和继承性。宗教规范是神化了的社会行为规范。它采取了超自然、超人间的神秘形式，具有极强的自制性，在一定社会中起着调整人们行为规范的作用。

本书所强调的社会规范主要是从消费者的视角，针对 CSR 行为，从个体、群体和社会三个层面，研究 CSR 行为规范。后续章节的研究主要体现了 CSR 群体层面的行为规范及其管理。

二、社会规范与 CSR

古典经济学派认为企业唯一的社会责任就是使利润最大化(Friedman，1970)。利益相关者视角认为 CSR 是指企业在创造利润、对企业负责的同时，还要承担对员工、对消费者、对社区和环境的社会责任(Brown 和 Daccin，1997)。亲社会行为或社会绩效视角认为管理的义务不仅是为了保护和改善企业的利益，而且还包括整个社会的福利(Davis 和 Blomstrom，1975)。基于此，Carroll(1991)提出 CSR 金字塔层级模型：经济、法律、伦理、道德和慈善五个方面的责任。

此后，大多数学者便开始围绕经济行为(Berens 等，2005；Mohr 和 Deborah，2005)、法律行为(Minette，1994)、伦理行为(Donald 和 Eric，2007)、道德行为和慈善行为(Hoeffler 等，2002)展开了研究。其中，正面的 CSR 行为包括 CSR 本身(Luo 和 Bhattacharya，2006)、CSR 信息(Wagner 等，2009)、CSR 不同层面的行为(Lichtenstein 等，2004)以及捐时间和捐钱(Americus 等，2007)；负面的 CSR 行为包括道德/能力相关(Votolato 和 Unnava，2006)、绩效/价值相关(Pullig 等，2006)、可/不可辩解产品伤害(方正，2007)。

显然，CSR 行为的输出应该以社会规范为准绳，因为它是历史形成或固定的社会所有成员共有的行为规范和标准(Magill，1995；Gwin 和 Norton，1993)；是组成社会群体成员可接受或不可接受行为的各项文化价值标准(Knapp，1993)。主要体现在三个层面：社会层面主要指 CSR 行为要符合整个社会及其成员应有的行为准则、法律规范、道德伦理和价值标准等(Christine，2009)。群体层面主要指 CSR 行为要与群体成员共有的行为规范和标准保持一致(Ellickson，2001)。个体角色层面主要指 CSR 行为要符合社会对其角色需要而期待应该达到的行为模式或标准(Cass，1996)。

研究表明(Adler，2000)：由于个体道德意识形态差异或社会情境等因素的影响，在上述三个层面，人们常常会偏离其行为规范，即与现存的行为规范不一致。向上/下远远超出/低于某一层面的行为规范，即超/低规范行为(Heckert，2002)，并且与规范一致行为相比，媒体和公众更倾向于关注偏离行为(Rindova 等，2006)。所以，结合本书研究内容，在上述三个层面上 CSR 的输出也会存在行为偏离，即 CSR 超/低规范行为。

三、评价分析

CSR 行为的输出必须要以社会规范为依据。这一点在 CSR 的两个前提条件(社会契约和道德代理)当中早有体现，社会契约认为 CSR 行为必须在社会规范的指导下进行，这是企业身份获得合法性来源之一(Donaldson，1983)。而道德代理人的身份也强调 CSR 行为必须要与社会价值规范相一致(Ozar，1979)。由此可见，从社会规范的视角研究 CSR 行为是非常有必要的，而这恰恰也是以往研究的不足和局限。

以往部分学者的研究早已从企业个体角色、群体互动和社会期望三个层面，暗示了消费者对 CSR 行为规范的需求。例如：Jennifer 等(2004)通过对纯真品牌和兴奋品牌犯错的研究，暗示了 CSR 个体角色规范的差异；黄敏学等(2008)通过期望比较验证了 CSR 群体行为规范的存在；黄静等(2010)通过对企业家违情和违法行为的划分与界定，充分体现了整个社会层面的 CSR 行为规范。遗憾的是，鲜有学者对此展开深入、系统的研究。

不难看出，无论是正面还是负面，以往学者对 CSR 和 CSR 行为均进行了不同的分类研究，但遗憾的是较少有人以个体角色、群体互动以及社会期望三个层面的行为规范为标准，将 CSR 行为划分为超/低规范行为，研究它们对品牌绩效的影响。

基于此，本书(项目)拟以消费者对 CSR 行为及其规范的需求为导向，从企业个体角色、群体互动和社会期望三个层面系统、科学地研究 CSR 行为规范体系，并以此为标准和依据将 CSR 行为偏离划分为超/低规范行为，研究 CSR 超/低规范行为影响品牌绩效的过程和机制。

第三节　拟剧论与 CSR

一、拟剧论

戈夫曼拟剧论就是借助戏剧的类比来对日常生活进行研究。拟剧论是从符号互动论中发展出来的、具有自身特点的、说明日常生活中人与人之间相互作用的理论。其倡导者是美国社会学家戈夫曼(Erving Goffman)，他把社会比做舞台，把社会成员比做演员来解释人们的日常生活。

其主要观点：社会和人生是一个大舞台，社会成员作为这个大舞台上的表演者都十分关心自己如何在众多的观众面前塑造能被人接受的形象。人们为了表演，可能会区分出前台和后台。前台是让观众看到并从中获得特定意义的表演场合；后台是为前台表演做准备、掩饰在前台不能表演的东西的场合。人们不能将前台行为应用于后台，也不能将后台行为应用于前台，而是应该在不同的场合表现出应有的行为，而其标准是社会的规范，即社会的角色行为的规定。

其框架结构：戈夫曼所讲的“框架”是指人们内化了的现存的社会规范和社会准则，是一系列的惯例和共同理解，也就是人们在社会生活舞台上进行演出的依据。戈夫曼认为，人们在社会生活中以不同的角色、在不同的场次进行表演，如果能够按照剧本表演就会按照剧本表演，当剧本不明确或不完整时就要随机应变、临时创作。

由此可见，拟剧论跟前面的社会规范有重合之处，但我们认为拟剧论更多的是企业在履行 CSR 行为时，如何进行巧妙的沟通，也就是前文所提到的如何聪明地做事。下面我们将从 CSR 以往研究结论当中梳理出与拟剧论相关的成果进行评价分析，并指出本书的研究方向。

二、拟剧论与 CSR

以往关于 CSR 行为沟通策略的研究，无非是以 CSR 本身、CSR 信息和不同层面的 CSR 行为为自变量，研究它们对消费者感知评价影响的过程和机制。代表观点有：良好的公司声誉中介于 CSR 与消费者购买意向(谢佩洪和周祖城，2009)，而良好的公司声誉又可进一步被细分为认知声誉和情感声誉，同样在 CSR 与顾客忠诚之间起到中介作用(李海芹和张子刚，2010)。也有学者(Sen 和 Bhattacharya，2001)将公司声誉转化为消费者对公司的认同，检验了在 CSR 信息与公司评价间的中介作用，也有学者(Luo 和 Bhattacharya，2006)直接将消费者满意中介于 CSR 与市场价值，而在负面事件的研究中，Jill 和 Niraj(2004)则验证了消费者归因中介于 CSR 与公司责备。

在上述影响过程中存在消费者、企业和文化三个层面的调节，消费者层面主要包括道德身份和角色承诺(Americus 等，2007)、CSR 信念和 CSR 支持(Sen 和 Bhattacharya，2001)；企业层面主要包括 CSR 行为与企业业务领域的匹配、CSR 行为发起的时机(主动和被动)、CSR 的动机(Karen 等，2006)、CSR 信息(抽象和具体)、CSR 的能力、嵌入策略(Tillmann 等，2009)。文化层面的调节变量则比较单一，研究表明：不同文化背景下的消费者对 CSR 及其行为的认识和需求是不同的(Isabelle，2001)。

实际上，CSR 行为的沟通与展示就是一种表演。因为拟剧论(戈夫曼，2008)的观点认为：社会是个大舞台，社会成员作为这个大舞台上的表演者都十分关心自己如何在众多的观众面前塑造能被他人接受的形象。为了表演，将舞台区分为前台和后台。前台是让观众看到并从中获得特定意义的表演场合，在前台，人们或组织所呈现的是能被他人和社会所接受的形象。后台是相对于前台而言的，是为前台表演做准备、掩饰在前台不能表演的东西的场合，人们或组织会把他人和社会不能或难以接受的形象隐匿在后台。对于 CSR 行为来说，无论是主动而为还是被动而为，只要没有被媒体广泛传播就称为 CSR 后台行为。企业主动借助媒体力量传播的社会责任行为称为 CSR 前台行为；如果在被动的情况下，媒体将 CSR 后台行为曝光于前台则称为 CSR 前台化行为（黄静等，2011）。

三、评价分析

以往关于 CSR 行为沟通策略的研究，大多侧重于研究做正确/错误的事（CSR 行为）会对消费者产生怎样的影响，忽视了如何聪明地做事以及如何运用 CSR 前台（化）行为来影响消费者的感知。而拟剧论恰恰能够指导企业弥补这方面的不足和局限，因为实践当中企业完全可以通过社会责任前台行为的沟通与展示影响消费者的感知和评价。

有研究表明：与广告画面中出现捐赠人相比，当出现受害者画面时，人们的捐赠意愿和亲社会行为的意愿更强（Deborah 和 Uri，2008）；当企业履行社会责任，出现言行不一致的时候，则会提高消费者对企业的虚伪感知（Tillmann 等，2009）。但像这样涉及 CSR 前台（化）行为的研究是极其有限的，而且不够系统。所以，从拟剧论视角来看，本项目对正/负面 CSR 前台（化）行为运作模式的研究，将弥补现有 CSR 沟通策略研究的不足和局限。

基于此，本书将以拟剧论为基础，在沟通策略方面对 CSR 行为进行分类界定及测量，从正/负面行为两个方向，深入研究不同类型的 CSR 前台（化）行为影响品牌绩效的过程、机制以及结果。

第四节　社会比较与 CSR

一、社会比较

从自我意识萌发的那一刻起，人类就没有停止过对自我的思考和探索，但是人类很难直接获得有关自我的信息。群居的生活特点决定了人的社会属性，所以人们往往通过与周围人的比较来定义自己在现实生活中的处境、地位等社会特征，如能力特点、智力水平、观点的倾向性、身体健康状况等，在比较性的社会环境中获得意义感。美国社会学家 Festinger 把这种现象命名为“社会比较”

(social comparison)，这是人类在相互作用过程中不可避免会产生并且普遍存在的一种社会心理现象。

社会比较主要有两种方式，分为向上比较(upward social comparison)和向下比较(downward social comparison)。前者指与更优秀的人作比较；后者指与不如自己的人相比。在社会比较的过程中，适当的背景因素是不可缺少的，因为，只有当有关的背景因素相当时，比较出来的结果才有意义。然而，人们出于自尊往往会选择背景不同的人作比较，以得出合乎己意而有偏差的结论。人们根据自己不同的社会角色，在不同的社会领域通过与他人的比较，得到一个参照点，并依此来做出相应的评价、判断和决策。因此，社会比较的过程和信息对人类具有基本的进化价值，会影响到人们的自我概念、情绪状态和对未来的期望。

在本书中，社会比较主要指消费者对 CSR 行为的相互比较，也存在向上比较和向下比较两种方式。究竟是向上还是向下取决于消费者对履行 CSR 行为企业规模实力大小的感知。在社会比较的背景下，将会发生 CSR 行为的溢出效应。因此，本书此处所提社会比较主要指 CSR 溢出效应，所谓溢出效应是指一个主体的某一特征或行为，会影响到与该主体有一定关系，但本身不具有这一特征或行为的其他主体的现象(Cunha 和 Shulman，2011)。普遍认为，这种现象的影响过程可分为：同化效应(assimilation effect)和对比效应(contrast effect)，前者(后者)主要指 CSR 行为跨越了发讯企业的边界，对其他相关且类似(但不同)的受讯企业产生了类似(相反)的影响(Sarah、Terry 和 Winter，2006)①。

二、社会比较与 CSR

CSR 溢出效应主要集中于负面事件，其研究视角有两种：企业内部品牌间的溢出效应；竞争品牌间的溢出效应。对于前者，Lei(2006)等人认为溢出效应不仅要考虑品牌间的联想强度，而且

① 发讯企业指发生 CSR 行为的企业，受讯企业指未发生 CSR 行为但受到发讯企业 CSR 行为影响的企业。

还要考虑品牌间的联想方向。关于后者，Roehm 和 Tybout(2006)发现：一个品牌所发生的负面事件能否对市场上整个产品大类产生溢出效应，取决于这个品牌是否为本产品大类代表性品牌以及被曝光产品属性是否与整个产品大类有较强联系；但对竞争品牌的影响因品牌间相似程度的不同而存在一定差异(Dahlen 和 Lange，2006)。而费显政等(2010)将溢出效应上升至社会责任声誉，研究受讯/发讯企业的相似度、公众对企业社会责任议题的卷入程度，以及受讯企业的澄清策略是如何影响溢出效应方向及强度的。最后，周祖城和张漪杰(2007)将 CSR 行为的研究上升至行业的层面，发现 CSR 行为在行业内的高低不同对消费者购买意愿的影响是存在显著差异的。

不难看出，CSR 行为的输出必然存在群体间的竞争。而消费者对 CSR 行为的感知评价是通过它们群体间的比较而获得的(Gibbons 和 Bram，1999)，包括向上/下(与公司能力较强/弱)比较(邢淑芬和俞国良，2006)。受社会背景的影响，常常会出现两种相反的效应：同化效应(assimilation effect)和对比效应(contrast effect)。前者主要指消费者面对向上/下比较信息时会提升/降低受讯企业的评价水平；后者主要指消费者面对向上/下比较信息时会降低/提升发讯企业的评价水平。那么，在向上/下比较的过程中，由于同化/对比效应的存在，CSR 行为是否还可以遵循善有善报、恶有恶报的自然法则，有待进一步研究。

三、评价分析

在 CSR 行为比较研究中，大多数学者侧重于 CSR 负面事件，鲜有涉及 CSR 正面行为，而这也恰恰是目前营销实践当中，出现 CSR 行为群体抑制局面的重要原因。因为缺少相关理论指导企业如何通过社会责任行为的输出获得竞争优势。

以往研究侧重于 CSR 负面事件的溢出，而非竞争品牌间 CSR 行为的比较。溢出效应大多是负面事件在发讯/受讯品牌间一种水平方向的转移；而从社会比较视角来看，同化/对比效则侧重于垂直方向的比较，包括向上/下比较，而且常常因为社会背景等因素的影响，可能会产生截然不同的比较方向和强度。

基于此，本书拟以社会比较理论为基础，根据向上/向下比较与同化/对比效应的不同组合，深入研究影响消费者产生同化/对比效应思维的因素，以及这两种思维模式在消费者对 CSR 群体行为间互动机制认知和评价过程中所产生的影响方向和强度。

第四章　研究模型及假设

第一节　研究模型与变量界定

一、研究模型

在前文对以往学者研究分析和相关理论的基础上，为了能够更好地理解企业社会责任前台行为偏离对品牌形象的影响，我们构建了所要研究的模型(见图 4-1)。自变量由企业社会责任前台行为偏离的类型组成，以社会规范为基础和依据，将企业社会责任偏离行为划分为两类：CSR 超规范行为和 CSR 低规范行为。中介变量主要是研究企业社会责任超规范行为和低规范行为产生以后，将激起消费者在认知和情感两个方面怎样的反应，具体主要指消费者—品牌间的情感和企业伪善感知，以及如何将这种反应积极或消极地推及企业品牌形象。关于 CSR 前台行为偏离对企业品牌形象的影响究竟是直接的还是间接的，这一点我们将会在数据分析时进行检验。最终的落脚点——因变量则是消费者对企业品牌形象的评价。在研究 CSR 前台行为偏离对企业品牌形象影响过程中，我们还将进一步分别检验品牌来源国（本土和国外）、社会情景(灾难性和平时)和文化思维(中庸和极化)在其中调节作用的影响。并最终通过实证检验该理论模型，给出结论并提出建设性的意见。

二、变量的界定

在这一部分的内容中，我们将会对模型中所涉及的自变量、中介变量、因变量以及调节变量逐一给予界定。

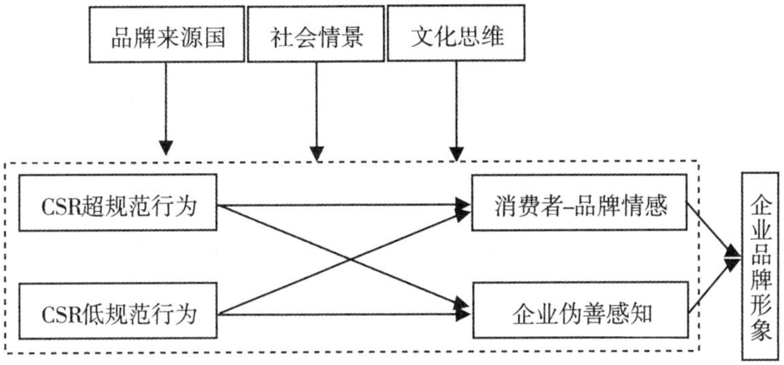

图 4-1　本书研究模型

(一) CSR 超/低规范行为

根据前文行为科学领域的学者对偏离行为的划分可以看出，不同的依据可以有不同的分类。根据社会公众的评价反应，可以将偏离行为划分为：正面偏离和负面偏离(Ben-Yehuda，1990)；以社会行为规范为准绳，可以将偏离行为划分为：超规范行为和低规范行为(黄静、童泽林和王新刚，2011)；而将社会公众评价反应和社会行为规范结合起来，可以将偏离行为划分为：正面偏离、负面偏离、羡慕偏离和破产性责骂(Heckart 和 Heckart，2002)。但是结合本书研究主题，我们选择以社会规范为依据，将企业社会责任偏离行为划分为：超规范行为和低规范行为。超规范行为是指企业在履行社会责任时，其行为远远超出了企业群体行为规范的要求，同时也远远超出了社会公众的期望，位于正态分布图中较远的右端。低规范行为是指企业在履行社会责任时，其行为未达到企业群体行为规范的要求，同时也未达到社会公众的期望，位于正态分布图中较远的左端。另外就是企业社会责任超/低规范行为还必须满足在统计上的少见和与群体内其他企业行为的不一致两个方面的特征。

(二) 消费者—品牌情感

情感和情绪就像孪生兄弟，既有联系又有区别。从时间的角度来看，情绪是瞬间的、易变化，而情感则是长期的、稳定的（Bower 和 Forgas，2000）。鉴于影响情绪的因素较多，而且比较复杂，相对来讲，与情感相比，研究情绪的意义较小（Bushman 等，2001）。因此，本书选择消费者—品牌情感为研究对象。在品牌情感的研究中，不少学者已在品牌依恋、品牌之爱、品牌体验、情感强度、情感需要等方面取得了丰硕的成果。但总结起来，不难发现，大多数关于品牌情感的研究都是集中于消费者个人层面，而较少上升至社会层面—社会情感。但是余秋雨（2003）在《文化苦旅》中曾写道：对于那些漂泊在外的华侨们，“家家户户都痴痴地询问着有没有家乡用惯了的那种货品……成了华人拴住家乡生活方式的锁链”。由此可见，许多品牌的成长恰恰是得益于消费者对品牌的社会情感的支持。无独有偶，消费者民族中心主义以及他族中心主义的研究（王海忠，2003）分别说明了消费者对本土品牌或他国品牌的情感；并且在黄敏学等（2008）对企业逼捐现象的研究中，多次提到消费者的亲社会行为，品牌若出现亲社会行为，必将激发他们的社会情感。因此，综合上述研究成果，本书认为消费者—品牌间的情感主要指在消费者与品牌长期互动的基础上，一点一滴积累所形成的态度体验，不仅包括个人情感，还包括社会情感。

（三）消费者对企业伪善的感知

尽管很多企业越来越重视 CSR 行为的沟通，制定很多 CSR 沟通政策和程序，但是随着企业国际化程度的提高，一些不负责任行为的报道变得越来越多，由此而导致消费者对企业伪善的感知也越来越高。其中有不少是企业在前台自身的沟通问题（Adamy 和 Thurow，2007），当然也有一些是企业供应链长度和复杂性的提高，使得整个产业链的监控和管理难度加大，出现一些不负责任的事件（Roth 等，2008）。例如：2011 年 3 月所曝光的双汇集团“瘦肉精”事件①。很显然，企业社会责任的承诺与商业实践的背离，经过大

① 资料来源：http：//news. xinhuanet. com/fortune/2011-03/16/c_121195046. htm.

众媒体的公开报道大大提高了消费者对企业伪善的感知。因此，本书认为消费者对企业伪善的感知主要指企业对社会责任的声明和承诺与后续的商业实践出现背离或者不一致(Stender 等，2006)，并且该事件被大众媒体曝光，严重影响企业的品牌形象和产品销量。为此，在后面的研究设计当中，我们主要以企业所声明和承诺的社会责任行为与活动为情景进行描述，并不涉及后续真正的商业实践行为，目的就是让被试对企业声明进行伪善感知，具体测量见研究设计部分。

(四)企业品牌形象

研究表明：品牌形象和企业声誉从概念上来讲比较相近(Friedman 和 Lessig，1987)，为了能够弄清两者间的区别，以及说明本书为什么选择品牌形象而没有选择企业声誉，做简单说明。从时间角度来看，企业声誉是长期积累的结果(Gaines，2000)，难以受截面 CSR 前台行为较大影响，而品牌形象却不同，可以是长期的也可以是瞬间的，也就是说截面的 CSR 前台行为也会对其产生很大的影响(Jain 和 Etgar，1976)。根据前文对企业品牌形象相关文献的梳理，结合消费者和企业两个视角进行定义：品牌形象是消费者头脑中所持有的关于品牌的所有认知、联想、评价的总和，受所有与品牌相关的人和事的影响。它是品牌的特质与消费者的感觉、消费者情绪的串联(Oxenfeldt，1974)，不仅代表着品牌形象的象征性效用(Pohlman 和 Mudd，1973)，而且也代表着消费者购买的象征性符号(Hendon 和 Williams，1985)。在研究设计当中为了突出企业前台行为偏离对品牌形象的影响，我们控制了影响品牌形象的其他因素，就品牌形象的测量而言，主要从整体评价的层面进行测试(Davies 等，2003)。

(五)品牌来源：本国与国外

伴随着经济全球化的趋势，跨国企业将在全球内进行资源配置，越来越多的国际品牌被转移至发展中国家生产或组装(Peterson 和 Jol，1995)。例如，耐克公司虽然是一个美国品牌，但它的绝大部分产品是在中国和巴西等第三世界国家生产。由此产生了如下问题，消费者究竟该如何对“杂交”产品进行评价？消费者是否会因为产地或组装地的改变而降低对产品质量的评价？为此，随着“杂交”产品的日益增多，越来越多的专家学者将制造地、设计国、原材料供应国、品牌来源国等概念引入原产地的研究，并超越了传统意义上的原产国的概念(Chao，1993)。但是在众多研究当中，普遍认为品牌来源国在所有来源国概念当中对消费者购买意愿的影响最大(Gu 和 Maheswaran，2000)。所谓品牌来源国主要是指消费者看重某一品牌来自哪个国家，而不论该产品在哪儿生产或组装(Nebenzahl，1997)。例如，当人们提到可口可乐、肯德基等品牌时，尽管这些品牌旗下的产品可能并不在美国生产，但消费者通常会视它们为美国品牌。根据品牌注册地所在国家，本书将品牌划分为本土品牌和国外品牌。由于品牌来源国存在一定的晕轮效应或总括效应，所以没有必要区分产品制造国和品牌来源国，而是笼统地选择品牌来源国作为研究对象(Han，1989)。因此，本书将结合研究主题，选择品牌来源国作为“CSR 偏离行为—消费者认知和情感反应—品牌形象评价”过程中的调节变量进行分析。

(六)社会情景：灾难与平时

任何人或组织的生存与发展均无法脱离社会情景，存在于真空之中，所以就像前面所提到的，个人或组织将会与其所处的社会情景发生互动，相互影响(Sidowski 等，1956)。显然社会情景的力量和影响力都是巨大的，在很大程度上会改变人们的内心和外在的行为(Sidowski 和 Joseph，1957)。就像在科学研究当中，几乎所有文章所研究的主题都会存在于一个背景下，而这个背景决定了研究的对象和范围。在营销领域，早已有很多学者将社会情景借鉴至自己的研究当中，例如，有学者讨论在广告诉求中，究竟是理性诉求好还是感性诉求好，并以柠檬汁为产品，在广场上做现场试验(Mukhopadhyay 和 Johar，2007)；也有学者研究商场里购物的气味对消费者购买决策的影响(Daniel，2003)；还有学者研究在服务补救过程中，私人场合或公开场合对消费者认知和情感的反应的影响

（Chebat 和 Witold，2005）；也有学者研究在排队的时候，排成直线和排成曲线对等候人离队意愿的影响（Zhou 和 Soman，2003）；等等。

由此可见，在营销领域研究社会情景的成果很多，但是在 CSR 行为研究方向当中，引入社会情景的还不多。因为大多数研究是集中在企业和消费者层面，忽视了 CSR 前台行为表达或展示的大的社会情景。尤其是随着灾难性事件的频繁发生，企业该如何在此情景下履行 CSR 前台行为尚属新的课题。实际上黄敏学等（2008）早已以“5・12”汶川地震为社会情景对企业被逼捐进行了深入剖析；费显政等人（2010）也以“5・12”汶川地震为社会情景对企业社会责任声誉溢出效应进行了探讨；Karen 等人（2009）以卡特里娜飓风引起的灾难性事件研究了向内团体和外团体捐款的差异及其原因。因此，在本书中灾难性事件主要指人们生产、生活活动过程中突然发生的、不以人们的意志为转移的、迫使活动暂时或永久停止，并且造成大量的人员伤亡、经济损失或环境污染的意外事件。若是没有灾难性事件发生就可以界定为平时情境。

（七）文化思维：中庸与极化

实际上中庸和极化的思维方式就像一个硬币的两面，弄清楚和理解中庸的定义，可以说基本上也给出了极化思维的定义（Chen 等，1995）。中庸的文化思维是中国传统文化中一个非常鲜明且重要的哲学思想，它不仅是中国历代以来的伦理道德观念，也是一种思维方式(赵志裕，2000）。近几年本土心理学的发展，引起了各个领域专家学者对中庸思维如何影响中国人的思考方式进行了讨论（杨中芳，2001）。然而，对于中庸含义的讨论可从徐克谦（1998）开始，他贯通了儒家所谓的“内外之道”①。一方面“中”是内在的，指人们内心的某种主观态度，也就是含而未发的内在要求；另一方面“中”又是外在的，也就是表现于外的行为合于礼（Li，2006）。

---

① 徐克谦．从中字的三重含义看中庸思想．台北：孔孟月刊，1998（37）：5-9.

二者又是互相融合的，内心之中正是行为的前提，而行为则是内心之中的外化。中庸并不是因为它处于两极的中间，而是因为它合于内在之中与外在之节的标准，也就是说中庸并非由中间性所决定，绝对不是无原则地在对立两极间做折中与妥协(Su，2002)。它是以仁的内在要求(本心和人性)为根本价值的依据，在外部环境(包括自然与社会环境)中寻求中节，也就是使内在要求在现有的外在环境与条件下，得到最适当的、过无不及的表达与实现(Schultz等，1997)。显然，中庸的思维方式就是要求行为符合标准，而极化的思维方式则要求偏离标准。因此，这也是我们从整体—分析型思维理论模型当中选择中庸和极化作为研究变量的原因。

第二节 理论推演和假设提出

本节主要是根据前文文献回顾和模型构建的基础上，以“CSR前台行为偏离—消费者认知和情感反应—品牌形象评价”为主线，以品牌来源地、社会情景和文化思维为调节变量进行理论推演，并最终提出所要检验的假设。

一、CSR前台行为偏离—消费者认知和情感反应—品牌形象

在前面我们提到企业履行社会责任行为，无论是从经济绩效还是社会绩效，无论是从企业层面还是高管层面，都将产生巨大的影响(Zahra和Tour，1987)。但做了好事不留姓名的“雷锋精神”对于企业来说，似乎不符合市场经济体制下的商业逻辑。为此，企业纷纷走向前台，希望借助社会责任行为在公众心目中塑造良好的形象。但是鉴于企业群体的存在和CSR这种社会公共产品的同质化，很多企业希望能够通过履行社会责任偏离行为，引起媒体和社会公众的注意，得到媒体和社会公众的认同，以此来提升品牌形象和竞争优势(Rindova等，2006)。但由于企业高层领导对社会责任价值观念的差异(Hunt等，1990)，则出现有的企业履行社会责任超规范行为，而有的企业履行社会责任低规范行为。当企业履行社会责

任超规范行为，即其行为远远超出了企业群体规范的要求，同时也远远超出了社会公众的期望。

这时企业的社会责任行为一方面将会激发消费者的个人情感，让消费者对品牌产生好感；同时还将会激发消费者社会情感，让消费者对品牌产生认同(White 和 Peloza，2009)。而这一点对于社会责任低规范行为来说，恰恰相反。不过从认知反应来看，当企业履行社会责任超规范行为时，将可能会提高消费者对其伪善的感知。因为有研究表明(Chan 和 Sengupta，2010)：如果人们或组织履行或出现过分好的言语或行为时，社会公众将会开始怀疑其动机。因此，我们认为当企业履行社会责任超规范行为时，消费者对其伪善性感知将会提高，进而降低消费者对品牌形象的评价；但对于企业社会责任低规范行为来说，由于其行为真实性提高(Barden 等，2005)，进而将会降低消费者对其伪善性的感知，将会提高他们对品牌形象的评价。为此，我们提出：

H1：当企业履行社会责任超规范行为时，(a)将会正向影响消费者—品牌情感，进而提高品牌形象评价；(b)将会负向影响消费者对企业伪善感知，进而降低品牌形象评价。

H2：当企业履行社会责任低规范行为时，(a)将会正向影响消费者—品牌情感，进而降低品牌形象评价；(b)将会负向影响消费者对企业伪善感知，进而提高品牌形象评价。

二、品牌来源地的调节

根据万物有灵论，品牌似人，有研究表明：品牌代表着一个国家的精神特征和个性特质，换句话来说也就是某国品牌类似于某国的人(Sung 和 Tinkham，2005)。从拟人化的角度来看，品牌来源地就是品牌的出生地；根据内团体和外团体的观点，品牌与其出生地的消费者同属于内团体，而相对于他国消费者就是外团体(Winterich，2009)。因此，有学者从民族中心主义的角度，研究了消费者对本国品牌有偏好的倾向(Albaum 等，1984)。但是本土品牌在履行社会责任时，是否应该对本国消费者有偏好倾向呢？随着企业国际化趋势逐步加强，这一问题开始成为企业关注的焦点。

因为品牌领域当中诸多研究均是以人际关系理论为基础进行推理(Fournier，1998)，所以在品牌履行社会责任以及承担社会责任方面，我们依然是按照人际关系理论进行阐述。

费孝通的差序格局(1947)指出人际关系是有亲疏的，站在每个圈的边缘向内看，就是内团体，向外看就是外团体。而在杨国枢(1993)对人际关系的分类：亲人、熟人和陌生人过程中，也谈到不同人际关系所承担的责任不同。无独有偶，马庆强(1997)认为对于亲人所承担的责任要更多一些，而对于陌生人来讲，所承担的责任要少一些。同样的逻辑，我们认为与国外品牌相比，本国品牌在履行社会责任行为时应承担更多的责任。因此，当国外品牌出现CSR超规范行为时，与本国品牌相比，将会更大程度地激发正面的消费者—品牌情感。但由于国外的法律制度与本国相比，相对来说比较健全(Steenkamp 和 Geyskens，2006)，所以本土消费者对国外品牌伪善性感知会比较低，而对本国品牌的CSR超规范行为的伪善性感知会比较高。但对于低规范行为来说，与国外品牌相比，当本国品牌出现低规范行为时，将会更大程度地激发负面的消费者—品牌情感。然而，在伪善性感知方面，由于CSR低规范行为本身具有较高的真实性，所以两者间可能无显著差异。为此，我们提出：

H3：与本国品牌相比，当国外品牌履行CSR超规范行为时，(a)消费者将会对国外品牌产生更大程度的正面情感，进而提高品牌形象评价；(b)消费者将会对国外品牌产生更低的伪善感知，进而提高品牌形象评价。

H4：与本国品牌相比，当国外品牌履行CSR低规范行为时，(a)消费者将会对本国品牌产生更大程度的负面情感，进而降低品牌形象评价；(b)消费者对两者伪善感知无显著差异，进而对品牌形象的评价也无显著差异。

三、社会情景的调节作用

显然从前文对CSR及其前台行为的研究可以看出，以往学者忽视了对CSR行为规范的研究，但是更进一步来看，行为规范又受到社会情景的影响(Charles 和 David，1982)。原因在于不同的情境可能将会激发人们不同的思维方式，例如：感性思维或理性思维等(Francine 等，1995)。因此，本部分将对社会情景在“CSR 偏离行为—消费者认知和情感反应—品牌形象”过程中的调节作用进行阐述。首先来看灾难性事件，这些年因地震、冰灾、海啸而引发的灾难性事件频频发生，而在这些情景下，企业该如何履行社会责任行为却鲜有人研究。

俗话说“多难兴邦”，其中的内涵就是激发了人们的亲社会行为，激发了人们的国家和民族意识，增强了凝聚力(Alan，2009)。所以我们预测与平时相比，在灾难性事件背景下，若是企业履行社会责任超规范行为，将会激发消费者更大程度的消费者—品牌情感。对于企业伪善感知而言，由于人们普遍信奉无事不献殷勤的哲理，所以说在平时的情景下，若是企业履行 CSR 超规范行为则会增加消费者对企业的伪善感知。最后是与平时情景相比，当企业在灾难性事件情景下履行 CSR 低规范行为时，将会更大程度降低消费者—品牌情感；同样的道理，从对企业伪善感知来看，与平时情景相比，当企业在灾难性事件情景下履行 CSR 低规范行为时，将没有显著的差异。为此，我们提出：

H5：与平时情景相比，当企业在灾难性事件情景下履行 CSR 超规范行为时，(a)将会更大程度地激发正面的消费者—品牌情感，进而提高品牌形象评价；(b)将会更少地激发消费者对企业伪善的感知，进而提高品牌形象评价。

H6：与平时情景相比，当企业在灾难性事件情景下履行 CSR 低规范行为时，(a)将会更大程度地激发负面的消费者—品牌情感，进而降低品牌形象评价；(b)消费者对企业伪善的感知将无显著差异，进而对品牌形象的评价也无显著差异。

四、文化思维的调节作用

任何一个社会当中，人们或组织的行为在很大程度上都将受文化思维的影响。而在以往的研究当中，普遍认为东方人较侧重于中庸的思维(Golden-mean Thinking)，而西方人较侧重于极化的思维

(Formal Logic)。在营销领域有很多学者做了跨文化的研究，例如，有学者发现与西方人相比，当东方人收到意外的促销礼品时，所表现出来的惊喜程度要低于西方人。主要原因在于东方人本着联系与发展的思维，认为福中有祸，祸中有福，所以才会压抑或克制惊喜的感觉(Valenzuela 等，2010)。也有学者研究在销售过程中，当人们的赞美过了头之后，将会让人感觉到不真诚(Chan 和 Sengupta，2010)。由此可见，东方人对于偏离的言行存在一种不祥的预兆，担心打破社会的平衡，认为他们自己都是很普通的；而西方人则恰恰相反，认为他们自己都是独一无二的，常常会远离一致，因为这样无法凸显他们自己(Heine 和 Lehman，1997)。

一方面，这种文化思维方面的差异不仅存在于国家文化之间，而且也存在于一国文化之内，因为全球化的趋势不仅体现在经济方面，而且还体现在文化方面(Steenkamp 和 Jong，2010)。另一方面，根据调节匹配理论(regulatory fit theory)，当企业社会责任行为与消费者的文化思维匹配或一致的时候，消费者在对信息加工时将会比较流畅，这样无论是正面还是负面，均会在消费者对品牌形象评价过程中起到推动和促进作用；反之，将会起到消极抑制(prevent)的作用(Angela、Punam 和 Brian，2010)。因此，对于极化思维的消费者来说，CSR 偏离行为与他们的思维方式都是一致的、匹配的；而对于中庸思维的消费者来说，则恰恰相反。为此，我们提出：

H7：与中庸思维的消费者相比，当企业履行社会责任超规范行为时，(a)极化思维的消费者将产生更大程度的正面的品牌情感反应，进而提高品牌形象评价；(b)极化思维的消费者将产生更小程度的企业伪善感知，进而提高品牌形象评价。

H8：与中庸思维的消费者相比，当企业履行社会责任低规范行为时，(a)极化思维的消费者将产生更大程度的负面品牌情感反应，进而降低品牌形象评价；(b)而对企业伪善感知将无显著差异，进而对品牌形象的评价也无显著差异。

第五章　研究设计及实证检验

本章主要包括三个小节的内容，第一节主要研究品牌来源地(本国/国外)在“CSR 偏离行为—消费者认知和情感反应—品牌形象”过程中的调节作用；第二节主要研究社会情景(灾难/平时)在“CSR 偏离行为—消费者认知和情感反应—品牌形象”过程中的调节作用；第三节主要研究文化思维(中庸/极化)在“CSR 偏离行为—消费者认知和情感反应—品牌形象”过程中的调节作用。三个小节均采用实验研究的方式，主要包括实验设计及被试选择、实验操作过程、情景操控检验及假设检验，最后是针对每小节进行的讨论。

在实施正式的研究设计之前，我们均设计了前测问卷进行预测试，主要是为正式的研究设计做铺垫。目的主要在于对问项的内容、措辞、顺序、形式和布局、问题难度以及填写说明等进行沟通交流，最终识别并消除问卷当中可能存在的问题，检验企业社会责任超/低规范行为、消费者—品牌情感、企业伪善感知以及文化思维等连续变量量表的信度和效度，并通过量表检验情景设计中企业社会责任超/低规范行为是否能够被消费者清晰地识别以及文化思维的情景操控是否达到了预期的效果，还有就是初步检验各变量间的关系。结果发现 CSR 行为偏离情景的设计清晰，相关连续变量量表的信度和效度均符合标准，变量间的关系也达到了我们的期望。具体的操作过程和数据分析结果此处就不再赘述。

第一节　品牌来源地的调节

一、实验被试和设计

本研究采用实验方法，实验设计为：企业社会责任前台行为偏离(超规范行为/低规范行为) * 品牌来源地(本国品牌/国外品牌)，共4种情景。以企业慈善捐款为主题作为研究企业社会责任前台行为偏离的素材，分别以“捐款一亿元”和“捐款一块钱”的情景代表企业社会责任超/低规范行为。捐款一亿元取自于2008年汶川地震期间王老吉的捐款行为，捐款一块钱取自2006年马云接受媒体采访时的观点。本次实验的目的主要有：第一，研究企业社会责任超/低规范行为对品牌形象的影响；第二，检验模型当中各变量间相互影响的关系及影响方向；第三，检验品牌来源地在“CSR偏离行为—消费者认知和情感反应—品牌形象”过程中的调节作用。来自中南财经政法大学的120名学生自愿接受了本次实验。其中男生64人，占52.8%，女生56人，占47.2%，男女比例基本均衡，这样做的目的在于，消除男性和女性在看待道德责任方面的差异。在实验前，由授课教师告诉被试：凡参加此次实验的同学本课程期末总成绩均可增加5分，用此法来刺激被试认真填写问卷。在实验过程中我们增加了一些无关的任务，实验结束后，我们询问被试，发现没有人能够猜出本次实验的真实目的。

二、实验操作过程

实验操作过程主要分为三个部分：被试情感的控制、企业社会责任超/低规范行为的情景描述以及相关问项的测量；消费者背景资料的调查。在第一部分当中，我们主要是让被试观看一段10分钟左右的科普视频(Marsha，1997)，目的在于将被试的情感控制在一个水平点上面。第二部分我们选取慈善捐赠会议为背景，首先说明此次慈善捐赠讨论会主要是针对中国社会进行捐赠。其次，由于使用真实的品牌将会引入诸多复杂的干扰因素，再加上品牌名称容易产生联想，所以我们采用了以字母“B”为虚拟品牌名称的方式。然后，为了剔除被试对慈善捐赠情境的心理距离，我们明确指出该讨论会是最近召开的。因为有研究表明：心理距离远近不同将会激发被试产生整体或分析型思维方式(Kyeonghui 等，2008)。最后是为了让被试更加清楚地明白 CSR 行为偏离，我们在情境描述中特意说明了企业群体捐赠的平均水平为 50 万~200 万元，而这个数据是根据以往企业捐款的真实水平而定的。具体的情境描述如下：最近，在北京举办的一场慈善捐赠讨论会当中，大批的企业针对中国社会慈善捐赠发表了声明，此事受到广大媒体和社会公众的热切关注。会上大多数企业承诺捐款 50 万~200 万元人民币不等，而本国品牌 B(国外品牌 B)则公开宣称：“……我们将向中国社会捐赠 1 亿元人民币(1 块钱人民币)。”

在问卷的设计当中，我们采用黑体加粗的形式来表达企业慈善捐赠的观点，这样能够更加引起被试的注意。情景的描述中并不出现企业品牌的其他相关信息，目的在于突出企业社会责任超/低规范行为对企业品牌形象的影响，而排除其他干扰因素。

接下来我们测量被试当时内心的情感，而情感的测量问项高达 50 个(Marsha，1997)，在经过筛选和预测试之后，我们最终选择三个问项，具体包括：您是否特别生气？您内心是否特别平静？您是否特别高兴？对被试当时的情感进行测量。然后是对企业社会责任超/低规范行为的感知。首先，测量被试对超/低规范行为的感知(Spreitzer 等，2004)，问项主要为：该捐款行为是否很少见？该捐款行为是否与大多数企业的捐款行为不一致？该捐款行为是否远远超出了大多数企业的正常捐款水平？该捐款行为是否远远超出了被试的期望？如果您是该企业的决策者，您是否也会这么做？然后，测量消费者—品牌情感和企业伪善感知，对于消费者—品牌情感我们借鉴黄静和林青蓝(2010)所开发的量表，但是在我们的预测试当中，经过数据分析之后发现有些问项并不适合于研究，为此我们经过删除和修订，保留三个问项：看到品牌 B 的声明，我非常爱品牌 B；看到品牌 B 的声明，我认为品牌 B 是一个充满情感的品牌；看到品牌 B 的声明，我为该品牌的行为感到非常的自豪。对于企业伪善感知，我们借鉴 Tillmann 等(2009)的量表，该项量表本来有 6 个，但经过我们预测试当中对信度和效度的评估，后来删除 3 项，保留三个问项：看到品牌 B 的声明，我认为它是虚伪的；看到品牌 B 的声明，我认为它将兑现其承诺；看到品牌 B 的声明，我认为品牌 B 说的和做的是两回事。最后是对品牌形象的测量，具有问项有三个(Davies 等，2003)：看到品牌 B 的声明，我将会对品牌 B 有积极的评价；看到品牌 B 的声明，我将会认为品牌 B 很有社会责任感；看到品牌 B 的声明，我认为品牌 B 的行为是值得赞同的(1 代表非常不同意，9 代表非常同意)。最后主要是关于被试的背景资料，包括性别、年龄、专业、学历等信息。

三、操控性检验

在进行操控性检验之前，我们首先测量了被试实验时的情感、消费者—品牌情感、企业伪善感知、企业品牌形象等变量的信度，结果显示：被试实验时情感的 Cronbach'α 为 0.921，消费者—品牌情感的 Cronbach'α 为 0.917，企业伪善感知的 Cronbach'α 为 0.924，企业品牌形象的 Cronbach'α 为 0.936。另外就是在数据分析过程中，我们首先对一些逆向的问题进行了转换，将所有问项均转换成为同一方向，然后才进行数据分析。

对于情景操控的检验，主要是根据情景材料的设计进行数据分析，首先是对被试实验时的情感进行操控检验，结果发现：$M_{情感}=5.11$，$t=0.263$，$p=0.799$，说明被试的情感与中位数 5 相比，无显著差异。然后是对 CSR 超/低规范行为的检验。首先对超规范行为来说，在对 CSR 偏离行为的测量中有五个问项(见表 5-1)，其中品牌 B 捐赠行为比较少见的均值为 $M_{少见}=6.97$，而品牌 B 的捐赠行为与其他企业不一致的均值为 $M_{群体不一致}=7.12$，这说明企业捐赠 1 亿元是一种行为偏离；其次，通过投射的方式询问被试，若您是品牌 B 的决策者，是否会这么做？结果发现被试对该问项回答均值为 $M_{会这么做}=3.24$，这说明 CSR 超规范行为违反了被试内心的社会责任行为规范。最后是询问被试企业的捐赠行为是否远远超出了企业群体的正常捐赠水平和他的期望，数据分析结果分别为：

$M_{超出正常}=6.88$，$M_{超出期望}=6.74$，由此可见，情境当中所描述的企业社会责任行为的确是一种超规范行为。

表 5-1　　研究一社会责任超/低规范行为的操控性检验

操控检验	$M_{少见}$	$M_{群体不一致}$	$M_{会这么做}$	$M_{超出正常}$	$M_{超出期望}$
社会责任超规范行为	6.97	7.12	3.24	6.88	6.74
社会责任低规范行为	7.35	7.31	2.46	2.14	2.23

而对于低规范行为来说，其中品牌 B 捐赠行为比较少见的均值为 $M_{少见}=7.35$，而品牌 B 的捐赠行为与其他企业不一致的均值为 $M_{群体不一致}=7.31$，这说明企业捐赠 1 块钱是一种行为偏离；其次，同样通过投射的方式询问被试，若您是品牌 B 的决策者，是否会这么做？结果发现被试对该问项回答均值为 $M_{会这么做}=2.46$，这说明 CSR 超规范行为违反了被试内心的社会责任行为规范。最后是询问被试企业的捐赠行为是否远远超出了企业群体的正常捐赠水平和他的期望，数据分析结果分别为：$M_{超出正常}=2.14$，$M_{超出期望}=2.23$，由此可见，情境当中所描述的企业社会责任行为的确是一种低规范行为。以上数据说明，对于企业社会责任超/低规范行为的情景材料设计达到了预期的效果。

四、假设检验

为了搞清楚模型当中变量间的关系，我们首先对变量间做了简单的 Pearson 相关系数检验。由表 5-2 可以看出，CSR 超规范行为（A_1）与消费者—品牌情感（A_3）之间的皮尔逊相关系数为 0.613，p 值等于 0，除此之外，我们还分别对本国品牌和国外品牌做了相关检验，发现均是正相关。这说明无论是本国品牌还是国外品牌对中国社会履行 CSR 超规范行为，都将激发中国消费者对品牌的正面情感，并且提高品牌形象。因此，假设 H1a 得到检验。然后，再看 CSR 低规范行为（A_2）与消费者—品牌情感（A_3）之间的皮尔逊相关系数为 0.873，p 值等于 0，同样我们也分别对本国品牌和国外品牌进行了相关检验，结果发现均是正相关。这说明无论是这说明无论是本国品牌还是国外品牌对中国社会履行 CSR 低规范行为，都将激发中国消费者对品牌的负面情感，进而降低品牌形象。因此，假设 H2a 得到检验。

表 5-2 **模型中变量间的相关关系**

Pearson 相关系数	A_1	A_2	A_3	A_4	A_5
A_1	1.000	—	$r=0.613$ $p=0.000$	$r=-0.864$ $p=0.000$	—
A_2	—	1.000	$r=0.873$ $p=0.000$	$r=-0.065$ $p=0.685$	—
A_3	$r=0.613$ $p=0.000$	$r=0.873$ $p=0.000$	1.000	—	$r=0.971$ $p=0.000$
A_4	$r=-0.864$ $p=0.000$	$r=-0.065$ $p=0.685$	—	1.000	$r=-0.364$ $p=0.001$
A_5	—	—	$r=0.971$ $p=0.000$	$r=-0.364$ $p=0.001$	1.000

注：A_1代表 CSR 超规范行为；A_2代表 CSR 低规范行为；A_3代表消费者—品牌情感；A_4代表企业伪善感知；A_5代表品牌形象。

对于企业伪善感知(A_4)来讲，CSR 超规范行为(A_1)与其之间的皮尔逊相关系数为-0.864，p 值等于 0，除此之外，我们也分别对本国品牌和国外品牌做了相关检验，发现均是负相关。这说明无论是本国品牌还是国外品牌对中国社会履行 CSR 超规范行为，都将提高中国消费者对企业的伪善感知，进而降低品牌形象。因此，假设 H1b 得到检验。对于 CSR 低规范行为(A_2)，由表可以看出两者之间的皮尔逊相关系数为-0.065，p 值等于 0.685>0.05，这说明无论是本国品牌还是国外品牌对中国社会履行 CSR 低规范行为，中国消费者对企业的伪善感知无显著差异。因此，假设 H2b 未得到检验。

最后我们来看消费者—品牌情感(A_3)与品牌形象(A_5)之间的

皮尔逊相关系数，由表 5-2 可知相关系数为 0.971，p 值等于 0，这说明消费者—品牌情感与品牌形象间是正相关，品牌形象将随着消费者—品牌情感的提高而提高、降低而降低。但是企业伪善感知（A_4）与品牌形象（A_5）之间的皮尔逊相关系数为-0.364，p 值等于 $0.001<0.05$，这说明从整体来看，企业伪善感知与品牌形象呈负相关关系。

由上述数据分析可以看出，尽管我们探明了变量间相互影响的关系，但并未就本国品牌和国外品牌的 CSR 超/低规范行为所激发的消费者—品牌情感以及企业伪善感知进行比较。基于此，接下来我们首先针对 CSR 超规范行为进行数据方面的分析。对于 CSR 超规范行为来说，当品牌来源地为本国品牌时，引起的消费者—品牌情感的均值为 7.52；而当品牌来源地为国外品牌时，所引起的消费者—品牌情感的均值为 8.05，通过独立样本 T 检验结果显示：$t=-2.324$，$p=0.025<0.05$。因此，假设 H3a 得到检验。这说明与国外品牌相比，当本国品牌履行 CSR 超规范行为时，所激发正面的消费者—品牌情感要相对较低一些，并且从均值比较上来看是显著的，至于原因将会在后面予以讨论。另外，从企业伪善感知方面来看，当品牌来源地为本国品牌时，企业伪善感知为 4.38；而当品牌来源地为国外品牌时，企业伪善感知为 5.05。同样我们采用独立样本 T 检验结果显示：$t=-2.105$，$p=0.041<0.05$。因此，假设 H3b 得到检验。这说明与国外品牌相比，当本国品牌履行 CSR 超规范行为时，消费者对企业伪善感知更高一些，并且从均值比较上来看是显著的，同样，关于原因将会在后面讨论部分给出。

由图 5-1、图 5-2 可知，对于 CSR 低规范行为来说，当品牌来源地为本国品牌时，所引起的消费者对企业伪善感知的均值为 5.15；而当品牌来源地为国外品牌时，所引起的消费者对企业伪善感知的均值为 4.81；通过独立样本 T 检验结果显示：$t=1.079$，$p=0.287>0.05$。因此，假设 H4b 得到检验。这说明与国外品牌相比，当本国品牌履行 CSR 低规范行为时，所激发的消费者对企业伪善感知的均值无显著差异，至于原因将会在后面给予讨论。另外，从消费者—品牌情感方面来看，当品牌来源地为本国品牌时，

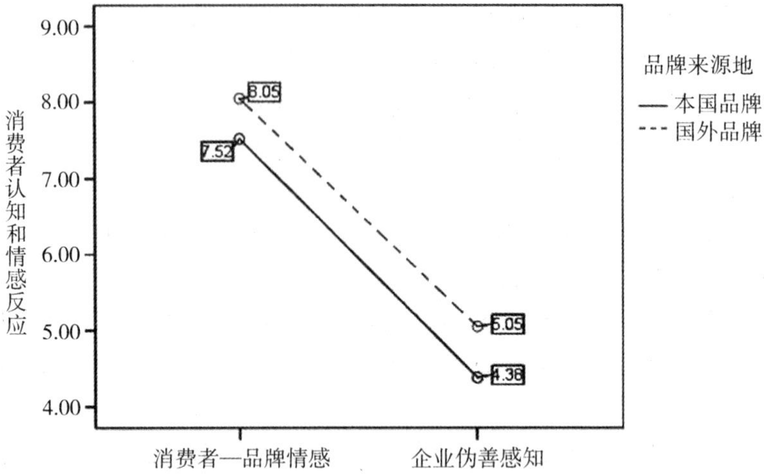

图 5-1 CSR 超规范行为下

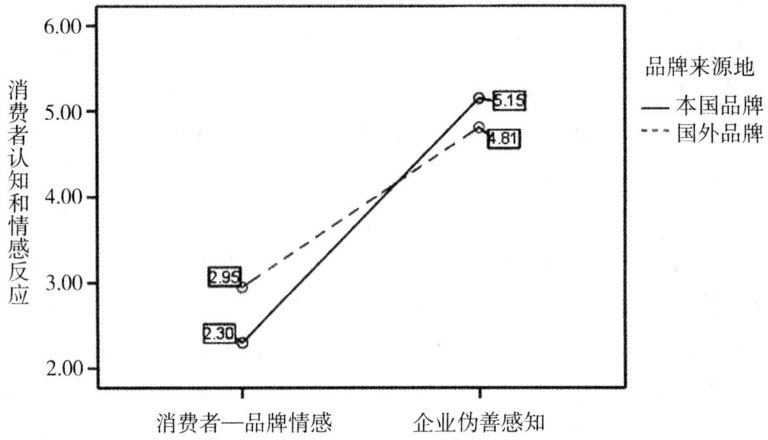

图 5-2 CSR 低规范行为下

所激发负面的消费者—品牌情感均值为 2.30；而当品牌来源地为国外品牌时，所激发负面的消费者—品牌情感均值为 2.95。同样我们采用独立样本 T 检验结果显示：$t=-2.199$，$p=0.034<0.05$。因此，假设 H4a 得到检验。这说明与国外品牌相比，当本国品牌

履行 CSR 低规范行为时，所激发的负面消费者—品牌情感将会更低，并且从均值比较上来看是显著的，同样关于原因将会在后面讨论部分给出。

五、讨论

根据上面的数据分析，不难看出模型当中变量间的关系，首先是当企业履行社会责任超规范行为时，无论是本国品牌还是国外品牌都将会激发正面的消费者—品牌情感；而当企业履行社会责任低规范行为时，无论是本国品牌还是国外品牌都将会激发负面的消费者—品牌情感。这说明消费者还是非常看重企业社会责任的，当企业提供社会责任这种公共产品时，消费者内心不仅对公共产品有需求，而且对提供的方式也有需求。若是企业在提供时超出了消费者内心的行为规范和标准，则将会使消费者满意，进而激发其正面的消费者—品牌情感；反之，将激发其负面的消费者—品牌情感。进一步来看，当履行 CSR 超规范行为时，与境外品牌相比，本国品牌所激发正面的消费者—品牌情感要相对较低一些。

原因可能在于消费者对本国品牌的期望值较高，而对国外品牌期望值较低，若是本国品牌和国外品牌履行同等的社会责任行为，那么消费者会对国外品牌产生更多的意外，而却认为本国品牌是应该的。因为研究表明（Aaker 等，2001）：消费者常常视本国品牌为内团体，而视国外品牌为外团体，自然内团体的本国品牌应承担更多的社会责任；而外团体的国外品牌相对会少一些。这也正是当本国品牌和国外品牌同样履行 CSR 低规范行为时，消费者将会对本国品牌产生更低的品牌情感反应的原因所在。当内团体的本国品牌履行社会责任低规范行为时，大大伤害了本国消费者的情感，而外团体的国外品牌履行社会责任低规范行为时，由于消费者没有太高的期望，所以消费者并不会产生更低的品牌情感反应。

其次，从企业伪善感知来看，当企业履行社会责任超规范行为时，消费者会产生较高的伪善感知；而当企业履行社会责任低规范行为时，无论品牌来源国是哪里，消费者相对会认为其行为比较真实而降低伪善性感知或无差异。由于本书在实验情景设计中，特意将企业的社会责任声明与行为上的兑现分离，目的就是在于测量被试对 CSR 偏离行为伪善方面的感知。但是与消费者—品牌情感不同的是，当企业履行社会责任超规范行为时，与国外品牌相比，消费者对本国品牌的伪善感知会更强一些。原因可能在于本国品牌因社会责任负面事件而影响了整个社会的信任(George 等，2002)，还有就是以往有学者研究表明(Luna 等，2002)：与发达国家相比，发展中国家的法律相对不够完善，消费者心理的安全需求还有待满足。所以说本国品牌诚信依然有待提高，做到言行一致。而当企业履行社会低规范行为时，与国外品牌相比，消费者对本国品牌的伪善感知却没有显著差异。原因在于消费者认为低规范行为没有必要是假的，因为低规范行为本身对企业是不利的，所以说相对来讲真实性较高。并且从整体来看，低规范行为与伪善感知无关也是这个原因。

最后是消费者—品牌情感对品牌形象的影响，从数据分析当中可以看出，二者是正相关的。消费者对品牌形象的评价将随着他们对品牌情感反应的升高而升高。对于企业伪善感知来讲，从数据分析当中可以看出，CSR 超规范行为与其呈正向关系，而 CSR 低规范行为与其是无关的。但从整体上来看，企业伪善感知与品牌形象是呈负相关关系的。因此，企业若想提高消费者对品牌形象的评价，就应该从消费者品牌情感和企业伪善感知两个方面着手，提升品牌形象，需要注意的是，企业伪善感知仅仅是在企业履行社会责任超规范行为时呈负相关关系。

第二节　社会情景的调节

一、实验被试和设计

本研究采用实验方法，实验设计为：企业社会责任前台行为偏离(超规范行为/低规范行为) * 社会情景(灾难/平时)，共 4 种情景。同样本研究也将以企业慈善捐款为主题作为研究企业社会责任前台行为偏离的素材，分别以“捐款一亿元”和“捐款一块钱”的情景代表企业社会责任超/低规范行为。本次实验的目的主要有：第一，研究企业社会责任超/低规范行为对品牌形象的影响；第二，检验模型当中各变量间相互影响的关系及影响方向；第三，检验社会情景在“CSR 偏离行为—消费者认知和情感反应—品牌形象”过程中的调节作用。来自武汉大学的 140 名学生自愿接受了本次实验。其中男生 71 人，占 50. 8%，女生 69 人，占 49. 2%，男女比例基本均衡，原因与研究一相同。实验前，由授课教师告诉被试，凡参加此次实验的同学每人奖励一支价值 3 元的水笔，用此法来刺激被试认真填写问卷。

二、实验操作过程

实验操作过程主要分为三个部分：被试情感的控制、企业社会责任超/低规范行为的情景描述以及相关问项的测量；消费者背景资料的调查。在第一部分当中，依然是让被试观看一段 10 分钟左右的科普视频，目的同研究一一样。第二部分我们选取慈善捐赠会议为背景，与研究一不同的是，我们将慈善捐赠会议的背景分为灾难性事件与平时两种情景。同样由于使用真实的品牌将会引入诸多复杂的干扰因素，再加上品牌名称容易产生联想，所以我们采用了以字母“B”为虚拟品牌名称的方式。为了消除品牌来源地身份的影响，我们在情景的描述中刻意弱化这一方面。一方面是在情景描述中并不指出品牌来源地，另一方面是将其在研究一当中使用的黑体取消。与此同时我们对重大灾后慈善捐款以及对受灾地区捐款，还有就是 CSR 超/低规范行为几处使用了黑体。目的与研究一一样，希望能够引起被试的注意，情景的描述中并不出现企业品牌的其他相关信息，目的在于突出企业社会责任超/低规范行为对企业品牌形象的影响，而排除其他干扰因素。具体情境描述如下：最近，在北京举办的一场(重大灾难后)慈善捐赠讨论会中，大批的企业针对中国社会(受灾地区)慈善捐赠发表了声明，此事受到广大媒体和社会公众的热切关注。会上大多数企业承诺捐款 50 万~200 万元人民币不等，而品牌 B 则公开宣称："我们将向中国社会(受灾地区)捐赠 1 亿元(1 块钱)人民币。"

接下来我们测量被试对情景描述当中所有变量的问项，具体与研究一一样，此处不再赘述。最后主要是关于被试的背景资料，包括性别、年龄、专业、学历等信息。在实验过程中我们增加了一些无关的任务，实验结束后，我们询问被试发现没有人能够猜出本次实验的真实目的，剔除了实验的需求效应。

三、操控性检验

在进行操控性检验之前，我们同样首先测量了被试实验时的情感、消费者—品牌情感、企业伪善感知、企业品牌形象等变量的信度，结果显示：被试实验时的情感 Cronbach'α 为 0.918，消费者—品牌情感的 Cronbach'α 为 0.958，企业伪善感知的 Cronbach'α 为 0.932，企业品牌形象的 Cronbach'α 为 0.941。与研究一一样，我们在数据分析过程中，首先对一些逆向的问题进行了转换，将所有问项均转换成为同一方向，然后才进行数据分析。

对于情景操控的检验，首先还是对被试的情感进行操控检验，结果发现：$M_{情感}=5.16$，$t=0.456$，$p=0.658$，说明被试的情感与中位数 5 相比，无显著差异。然后是对 CSR 超/低规范行为的识别来进行检验(见表 5-3)。首先对超规范行为来说，其中品牌 B 捐赠行为比较少见的均值为 $M_{少见}=7.14$，而品牌 B 的捐赠行为与其他企业不一致的均值为 $M_{群体不一致}=7.05$，这说明企业捐赠 1 亿元是一种行为偏离；其次，通过投射的方式询问被试，若您是品牌 B 的决策者，是否会这么做？结果发现被试对该问项回答均值为 $M_{会这么做}=3.37$，这说明 CSR 超规范行为违反了被试内心的社会责任行为规范。最后是询问被试企业的捐赠行为是否远远超出了企业群体的正常捐赠水平和他的期望，数据分析结果分别为：$M_{超出正常}=7.24$，$M_{超出期望}=6.89$。由此可见，情境当中所描述的企业社会责任行为的确是一种超规范行为。

表 5-3　研究二中社会责任超/低规范行为的操控性检验

操控检验	$M_{少见}$	$M_{群体不一致}$	$M_{会这么做}$	$M_{超出正常}$	$M_{超出期望}$
社会责任超规范行为	7.14	7.05	3.37	7.24	6.89
社会责任低规范行为	7.52	7.46	1.96	1.98	2.03

而对于低规范行为来说，其中品牌 B 捐赠行为比较少见的均值为 $M_{少见}=7.52$，而品牌 B 的捐赠行为与其他企业不一致的均值为 $M_{群体不一致}=7.46$，这说明企业捐赠 1 块钱是一种行为偏离；其次，同样通过投射的方式询问被试，若您是品牌 B 的决策者，是否会这么做？结果发现被试对该问项回答均值为 $M_{会这么做}=1.96$，这说明 CSR 超规范行为违反了被试内心的社会责任行为规范。最后是询问被试企业的捐赠行为是否远远超出了企业群体的正常捐赠水平和他的期望，数据分析结果分别为：$M_{超出正常}=1.98$，$M_{超出期望}=2.03$。由此可见，情境当中所描述的企业社会责任行为的确是一种低规范行为。以上数据说明，与研究一一样，同样验证了企业社会责任超/低规范行为情景材料的设计达到了预期的效果。

四、假设检验

与研究一一样，我们使用研究二的数据对模型中的变量关系又做了一次相关检验。由表 5-4 可以看出，CSR 超规范行为(A_1)与消费者—品牌情感(A_3)之间的皮尔逊相关系数为 0.538，p 值等于 0，除此之外，我们还对灾难和平时两种情景分别做了相关检验，发现均是正相关。这说明无论是灾难还是平时情境对中国社会履行 CSR 超规范行为，都将激发本国消费者对品牌的正面情感，进而提高品牌形象评价。因此，假设 H1a 再次得到检验。然后，再看 CSR 低规范行为(A_2)与消费者—品牌情感(A_3)之间的皮尔逊相关系数为 0.847，p 值等于 0，同样我们也分别对灾难和平时两种情景进行了相关检验，结果发现均是正相关。这说明无论是灾难还是平时对中国社会履行 CSR 低规范行为，都将激发中国消费者对品牌的负面情感，进而降低品牌形象评价。因此，假设 H2a 再次得到检验。

表 5-4　　模型当中各变量间的相关关系

Pearson 相关系数	A_1	A_2	A_3	A_4	A_5
A_1	1.000	—	$r=0.538$ $p=0.000$	$r=-0.811$ $p=0.000$	—
A_2	—	1.000	$r=0.847$ $p=0.000$	$r=-0.258$ $p=0.104$	—
A_3	$r=0.538$ $p=0.000$	$r=0.847$ $p=0.000$	1.000	—	$r=0.961$ $p=0.000$
A_4	$r=-0.811$ $p=0.000$	$r=-0.258$ $p=0.104$	—	1.000	$r=-0.398$ $p=0.000$
A_5	—	—	$r=0.961$ $p=0.000$	$r=-0.398$ $p=0.000$	1.000

注：A_1代表 CSR 超规范行为；A_2代表 CSR 低规范行为；A_3代表消费者—品牌情感；A_4代表企业伪善感知；A_5代表品牌形象。

对于企业伪善感知(A_4)来讲，CSR 超规范行为(A_1)与其之间的皮尔逊相关系数为-0.811，p 值等于 0，除此之外，我们也分别对灾难和平时两种情景做了相关检验，发现均是负相关。这说明无论是灾难还是平时对中国社会履行 CSR 超规范行为，都将提高中国消费者对企业的伪善感知，进而降低品牌形象评价。因此，假设 H1b 再次得到检验。对于 CSR 低规范行为(A_2)，由表可以看出两者之间的皮尔逊相关系数为-0.258，p 值等于 $0.104>0.05$，跟前面一样，这说明无论是灾难还是平时对中国社会履行 CSR 低规范行为，中国消费者对企业的伪善感知无显著差异。因此，假设 H2b 再次未得到检验。

最后我们来看消费者—品牌情感(A_3)与品牌形象(A_5)之间的皮尔逊相关系数，由表可知相关系数为 0.961，p 值等于 0，这说明消费者—品牌情感与品牌形象间是正相关关系，品牌形象将随着消费者—品牌情感的提高而提高，降低而降低。但是从整体来看，企业伪善感知(A_4)与品牌形象(A_5)之间的皮尔逊相关系数就是负值，由表可见相关系数为-0.398，p 值等于 0，这说明企业伪善感知与品牌形象间是负相关，那么品牌形象将随着企业伪善感知的提高而降低，降低而提高。

接下来我们将就灾难和平时两种情境下 CSR 超/低规范行为所激发的消费者—品牌情感以及企业伪善感知进行比较。首先对于 CSR 超规范行为来说，当处于平时情景时，引起的消费者—品牌情感的均值为 6.81；而当处于灾难情景时，所引起的消费者—品牌情感的均值为 8.18，通过独立样本 T 检验结果显示：$t=-4.767$，$p=0$。因此，假设 H3a 再次得到检验。这说明与平时情景相比，当企业在灾难情景下履行社会责任超规范行为时，所激发正面的消费者—品牌情感要相对较高一些，并且从均值比较上来看是显著的，至于原因将会在后面给予讨论。另外，从企业伪善感知方面来看，当处于平时情景时，消费者对企业伪善感知为 4.14；而当处于灾难情景时，消费者对企业伪善感知为 5.23。同样我们采用独立样本 T 检验结果显示：$t=-3.270$，$p=0.002<0.05$。因此，假设 H3b 再次得到检验。这说明与平时情景相比，当企业在灾难情景下履行社会责任超规范行为时，消费者对企业伪善感知更低一些，并且从均值比较上来看是显著的，关于原因将会在后面讨论部分给出。

由图 5-3、图 5-4 可知，对于 CSR 低规范行为来说，当处于平时情景时，所引起的消费者对企业伪善感知的均值为 5.95；而当处于灾难情景时，所引起的消费者对企业伪善感知的均值为 5.86；通过独立样本 T 检验结果显示：$t=0.321$，$p=0.750>0.05$。因此，假设 H4b 得到检验。这说明与平时情景相比，当企业在灾难情景下履行社会责任低规范行为时，消费者对企业伪善感知的均值无显著差异，至于原因将会在后面予以讨论。另外，从消费者—品牌情感方面来看，当处于平时情景时，所激发负面的消费者—品牌情感均值为 2.45；而当处于灾难情景时，所激发负面的消费者—品牌情感均值为 1.86。同样地，我们采用独立样本 T 检验结果显示：$t=2.047$，$p=0.047<0.05$。因此，假设 H4a 得到检验。这说明与平时情景相比，当企业在灾难情景下履行社会责任低规范行为时，所激发负面的消费者—品牌情感将会更低，并且从均值比较上来看

是显著的，关于原因将会在后面讨论部分给出。

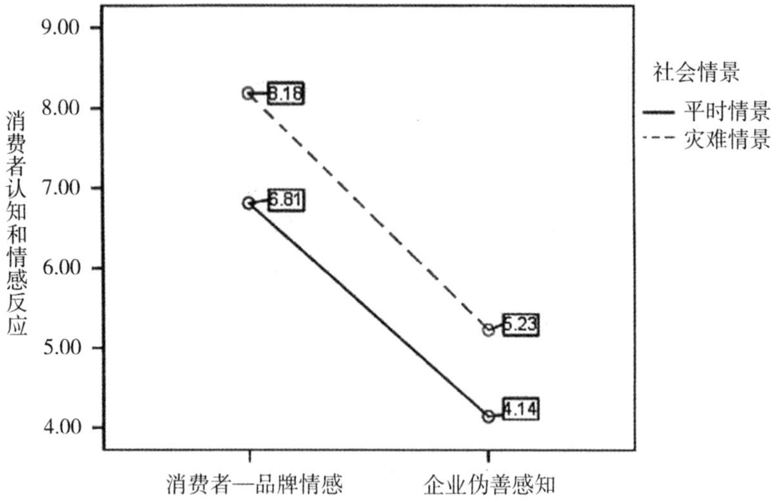

图 5-3　CSR 超规范行为下

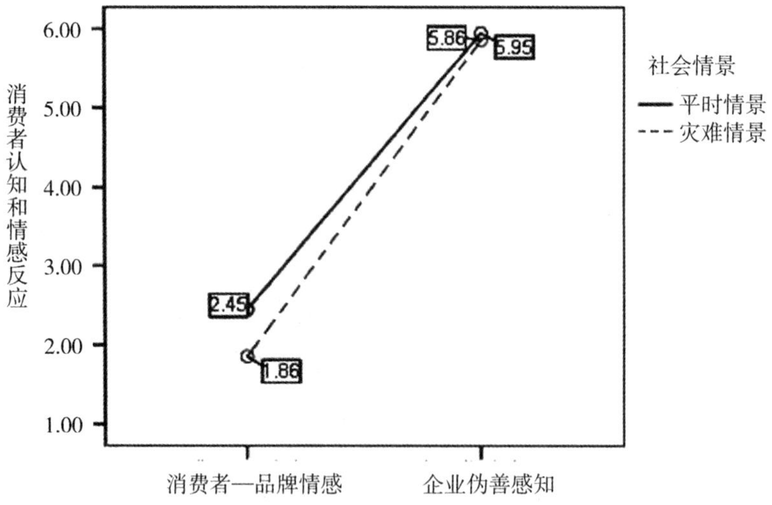

图 5-4　CSR 低规范行为下

五、讨论

根据上述研究二的数据分析，模型当中各变量间的相互影响的关系和方向被证明与研究一当中是一致的。也就是说 CSR 超/低规范行为与消费者—品牌情感呈正向影响关系，CSR 超规范行为与企业伪善感知呈负向影响关系，而 CSR 低规范行为与企业伪善感知无关。同时，整体来看，消费者—品牌情感与品牌形象评价呈正相关关系，消费者对企业伪善感知与品牌形象评价呈负相关关系。不难看出，CSR 超规范行为虽然提高了消费者—品牌情感，但同时也降低了真实性，引起消费者对企业伪善的感知，最终依然是消费者—品牌情感战胜企业伪善感知而提高品牌形象的评价。

与研究一不同的是，在研究二当中我们引入了社会情景的变量，并将其划分为平时情境和灾难情景。当处于平时情景时，企业履行社会责任超规范行为也能够激发正面的消费者—品牌情感，因为无论如何企业声明或承诺履行社会责任行为总是能够引起消费者的好感。并且在履行超规范行为时，已经超出了企业群体的水平和消费者内心对社会责任的期望及规范标准，消费者自然会对企业非常满意，这样一来就印证了正面的行为将产生正面的情感(Fekete 等, 2009)。但是与灾难情景相比，平时所产生的情感反应则相对较低一些，原因在灾难情景时更能够激发消费者的亲社会行为及情感，提高消费者对受害者的同情心和怜悯之心，增强民族凝聚力和向心力，正应了俗话所说的多难兴邦的道理。显然，企业在灾难情景下若是做出社会责任超规范行为，将会大大提高消费者—品牌情感，例如：2008 年“5・12”汶川地震期间王老吉捐款 1 亿元的行为。可是对于企业伪善感知这一变量来说，若企业在平时情景下履行社会责任超规范行为，消费者对企业伪善感知均值为 4.14，由此可以看出，消费者认为企业存在伪善的可能，虽然不高，但是已经低于中位数 5 了，这也正应了无事不献殷勤的道理。而在灾难情境下，消费者对企业伪善感知均值为 5.23，由此可见，消费者认为企业的 CSR 超规范行为是真实的，因为均值已经超过中位数 5。原因可能在于灾难情景下，消费者的注意力被转移至灾难事件上，而较少考虑 CSR 超规范行为的真实性。

对于 CSR 低规范行为来说，若是在平时情景，消费者对企业—品牌情感的负面反应均值为 2.45，很明显消费者依然希望企业履行社会责任行为。但是在灾难情景时，我们发现消费者对企业—品牌情感的负面反应均值更低，为 1.86，显然在灾难情景时，企业最应该承担社会责任时没有承担社会责任或者说承担得不够，将会受到消费者的强烈谴责。原因在于灾难性事件背景下常常激发人们的感性思维而非理性思维，例如：2008 年“5・12”汶川地震期间万科捐款 200 万元的行为。因此，企业在履行社会责任行为偏离时，应充分考虑社会情景。而对于伪善感知来说，与消费者—品牌情感反应不同。无论是平时情景还是灾难情景，由于 CSR 低规范行为对企业来说，较少具有利他的成分，而让消费者所感知到的就是其利己的动机。因此，消费者可能会认为 CSR 低规范行为具有较高的真实性，所以对于伪善感知的评价就会较低，而且在平时和灾难两种情景下无显著差异。

第三节 文化思维的调节

一、实验被试和设计

本研究采用实验方法，实验设计为：企业社会责任前台行为偏离(超规范行为/低规范行为) * 文化思维(中庸/极化)，共 4 种情景。同样本研究也将以企业慈善捐款为主题作为研究企业社会责任前台行为偏离的素材，依然是分别以“捐款一亿元”和“捐款一块钱”的情境代表企业社会责任超/低规范行为。本次实验的目的主要有：第一，研究企业社会责任超/低规范行为对品牌形象的影响；第二，检验消费者—品牌情感和企业伪善感知在“CSR 偏离行为—品牌形象评价”过程中的中介作用；第三，检验文化思维在“CSR 偏离行为—消费者认知和情感反应—品牌形象”过程中的调节作用。来自中南财经政法大学的 150 名学生自愿接受了本次实验。其中男生 77 人占 51.5%，女生 73 人占 48.5%，男女比例基本均衡，原因同前两个研究一样。在实验前，由授课教师告诉被试：凡参加此次实验的同学在本课程结束的期末考试当中总成绩增加5分，用此法来刺激被试认真填写问卷。

二、实验操作过程

实验操作过程主要分为四个部分：被试文化思维（中庸/极化）的情景操控及相关问项的测量；被试实验时的情感、企业社会责任超/低规范行为的情景描述以及相关问项的测量；消费者背景资料的调查。在第一部分当中，主要是对被试文化思维的情景操控，这点是可行的，因为在研究东西方消费者对品牌延伸认知差异方面，已有学者在研究设计当中通过情景描述来操控被试的文化思维（Monga和John，2007）。并且我们将此部分放在第一部分而没有放在最后一部分，就是希望整个实验能够具有可操控性。

为了能够将被试操控为中庸思维的消费者，我们在情景描述中写道：请写出在你以往的经历中，因极力坚持自己的观点和主张，并做出与众不同且相对极端的行为，最终让你感到非常后悔或遗憾的事情。而在极化思维的情景描述中写道：请写出在你以往的经历中，因没有坚持自己的观点和主张，而做出与众人一致且比较中庸的行为，最终让你感到非常后悔或遗憾的事情。通过这种相反思维情景的回忆激发被试中庸或极化方面的思维。

接下来我们参照前人的研究设计了测量中庸和极化思维的量表（吴佳辉和林以正，2005），在经过反复的预测试，信度和效度的严格测量之后，我们最终保留了6个问项来测量文化思维。而这6个问项并非针对中庸或者是极化，因为两者放在一起就是一个连续的变量，也就是说通过这6个问项测量所得均值，若是高于中位数5则为中庸思维，反之则为极化思维的消费者。最终通过与系里面的老师和同学讨论以及预测试之后，对问题的措辞和表达进行了修改，设计完整的问卷。这6个问项是：接受中间立场比走极端要更令人满意；当人们意见存在分歧时，他们应该寻找妥协并接受所有人观点的办法；当一个人的观点与他人发生冲突时，寻找折中的点要比争论谁对谁错更加重要；在辩论过程中，与人们的观点不一致相比，大家的观点一致会更令人满意；在辩论的过程中，人们不应该选择中间立场；我们应该避免走极端。

然后是第二部分，与前两个研究基本相似，同样是让被试观看一段10分钟左右的科普视频，原因在于消除被试的情感差异。在第三部分同样因为使用真实的品牌将会引入诸多复杂的干扰因素，再加上品牌名称容易产生联想，所以我们采用了以字母“B”为虚拟品牌名称的方式。为了消除品牌来源地身份的影响，我们在情景的描述中刻意弱化这一方面。一方面是在情景描述中并不指出品牌来源地，另一方面是将其在研究一当中使用的黑体取消。但是对品牌B的社会责任超/低规范行为的情景描述依然是用黑体字表示，目的在于突出企业社会责任超/低规范行为对企业品牌形象的影响，而排除其他干扰因素。具体情境描述如下：最近，在北京举办的一场慈善捐赠讨论会当中，大批的企业针对中国社会慈善捐赠发表了声明，此事受到广大媒体和社会公众的热切关注。会上大多数企业承诺捐款50万~200万元人民币不等，而品牌B则公开宣称：“我们将向中国社会捐赠1亿元(1块钱)人民币。”

接下来我们测量被试对情景描述当中所有变量的问项，具体与前两个研究一样，此处不再赘述。最后主要是关于被试的背景资料，包括性别、年龄、专业、学历等信息。在实验过程中我们同样增加了一些无关的任务，实验结束后，我们询问被试，发现没有人能够猜出本次实验的真实目的，剔除了实验的需求效应。

三、操控性检验

在进行操控性检验之前，我们同样首先测量了文化思维、被试实验时的情感、消费者—品牌情感、企业伪善感知、企业品牌形象等变量的信度，结果显示：文化思维的Cronbach'α为0.879，被试实验时的情感Cronbach'α为0.896，消费者—品牌情感的Cronbach'α为0.924，企业伪善感知的Cronbach'α为0.917，企业品牌形象的Cronbach'α为0.932。与前面的研究一样，我们在数据分析过程中，首先对一些逆向的问题进行了转换，将所有问项均转换成为同一方向，然后才进行数据分析。对于情景操控的检验，首先来看对文化思维的操控检验。对于中庸思维情景下的被试来说，他们的文化思维均值得分为 $M_{中庸}=7.51$，与中位数 5 相比较，$t=14.984$，$p=0<0.05$；对于极化思维情景下的被试而言，他们的文化思维均值得分为 $M_{极化}=-13.349$，$p=0<0.05$。由此可见，文化思维情景的操控效果非常好。

其次是被试实验时的情感，数据分析结果显示：$M_{情感}=4.93$，$t=-0.366$，$p=0.720$，说明被试的情感与中位数 5 相比，无显著差异。然后是对 CSR 超/低规范行为的识别来进行检验。首先对超规范行为来说，其中品牌 B 捐赠行为比较少见的均值为 $M_{少见}=7.32$，而品牌 B 的捐赠行为与其他企业不一致的均值为 $M_{群体不一致}=7.29$，这说明企业捐赠 1 亿元是一种行为偏离(见表 5-5)；其次，通过投射的方式询问被试：若您是品牌 B 的决策者，是否会这么做？结果发现极化/中庸思维的被试对该问项回答均值分别为 $M_{极化-会这么做}=4.21$，$M_{中庸-会这么做}=2.13$，最终被试对该问项的回答均值为 $M_{会这么做}=3.17$，这说明无论是何种文化思维的被试，CSR 超规范行为均违反了他们内心的社会责任行为规范。最后是询问被试企业的捐赠行为是否远远超出了企业群体的正常捐赠水平和他的期望，数据分析结果分别为：$M_{超出正常}=7.22$，$M_{超出期望}=6.94$。由此可见，情境当中所描述的企业社会责任行为的确是一种超规范行为。

表 5-5　**研究三中社会责任超/低规范行为的操控性检验**

操控检验	$M_{少见}$	$M_{群体不一致}$	$M_{会这么做}$	$M_{超出正常}$	$M_{超出期望}$
社会责任超规范行为	7.32	7.29	3.17	7.22	6.94
社会责任低规范行为	7.52	7.46	2.78	2.11	2.34

而对于低规范行为来说，其中品牌 B 捐赠行为比较少见的均值为 $M_{少见}=7.52$，而品牌 B 的捐赠行为与其他企业不一致的均值为 $M_{群体不一致}=7.46$，这说明企业捐赠 1 块钱是一种行为偏离；其次，同样通过投射的方式询问被试，若您是品牌 B 的决策者，是

否会这么做？结果发现极化/中庸思维的被试对该问项回答均值分别为 $M_{极化-会这么做}=3.46$，$M_{中庸-会这么做}=2.11$，最终被试对该问项的回答均值为 $M_{会这么做}=2.78$，这说明 CSR 低规范行为违反了被试内心的社会责任行为规范。最后是询问被试企业的捐赠行为是否远远超出了企业群体的正常捐赠水平和他的期望，数据分析结果分别为：$M_{超出正常}=2.11$，$M_{超出期望}=2.34$，由此可见，情境当中所描述的企业社会责任行为的确是一种低规范行为。以上数据说明，与前两个研究一样，验证了企业社会责任超/低规范行为情景材料的设计达到了预期的效果。

四、假设检验

在研究三的数据分析中，我们主要采用回归分析的方法，因为模型当中的变量均为连续变量。由于 CSR 偏离行为在定义的时候，存在一个正态分布的趋势，而 CSR 超规范行为是正态分布远远的右侧，CSR 低规范行为则是正态分布远远的左侧，中间是 CSR 规范行为。所以说 CSR 偏离行为并非一个完整的连续变量，在数据处理时，我们将其分开进行分别处理。但是文化思维却是标准的连续变量，不像 CSR 偏离行为那样中间有中断，所以我们在回归分析中就没有分中庸和极化，而是以文化思维的变量名称出现。在检验文化思维的调节作用时，由于 CSR 超/低规范行为的分离性，我们则分别对 CSR 超/低规范行为对消费者认知和情感方面的影响做了回归分析。

首先对 CSR 超规范行为来说，在做文化思维的调节作用回归分析时，我们以 CSR 超规范行为、文化思维和 CSR 超规范行为乘以文化思维进入回归方程，因变量为消费者—品牌情感。结果发现（见表 5-6）：$F=42.781$，$p=0$，说明整个回归方程是显著的；由单个回归系数来看 CSR 超规范行为的回归系数为 1.277，$t=7.676$，$p=0$，而文化思维的回归系数为 3.473，$t=4.021$，$p=0$，说明 CSR 超规范行为和文化思维两个变量对消费者—品牌情感均具有主效应。最后是 CSR 超规范行为 * 文化思维的回归系数为−2.771，$t=-3.330$，$p=0.002<0.05$，由此可见，文化思维在 CSR 超规范行为

对消费者—品牌情感的影响中的调节作用是显著的。因此，假设H7a得到检验。而对于企业伪善感知的回归结果显示 $F=10.763$，$p=0$，说明整个回归方程是显著的；由单个回归系数来看CSR超规范行为的回归系数为-0.995，$t=-3.858$，$p=0$，而文化思维的回归系数为3.301，$t=2.464$，$p=0.019$，说明CSR超规范行为和文化思维两个变量对消费者—品牌情感均具有主效应。最后是CSR超规范行为＊文化思维的回归系数为-2.663，$t=-2.063$，$p=0.046<0.05$，由此可见，文化思维在CSR超规范行为对企业伪善感知的影响中的调节作用是显著的。因此，假设H7b得到检验。并且在消费者—品牌情感和企业伪善感知对品牌形象的回归方程显示：品牌形象=0.462＊消费者品牌情感-0.483＊企业伪善感知，并且系数均是显著的。这说明当企业履行社会责任超规范行为时，品牌形象将随着消费者—品牌情感的变化而显著的正向变化；品牌形象将随着企业伪善感知的变化而显著的负向变化。

表5-6 **CSR超规范行为下回归方程模型**

CSR超规范行为下回归方程模型		非标准化系数		标准化系数	*t*	*p*
		B	Std. Error	Beta		
回归方程1：消费者—品牌情感	(Constant)	-10.133	2.195		-4.617	0.000
	CSR超规范行为	2.094	0.273	1.277	7.676	0.000
	文化思维	1.694	0.421	3.473	4.021	0.000
	CSR超规范行为＊文化思维	-0.179	0.054	-2.771	-3.330	0.002
回归方程2：企业伪善感知	(Constant)	-17.335	4.771		-3.634	0.001
	CSR超规范行为	-2.288	0.593	-0.995	-3.858	0.000
	文化思维	2.257	0.916	3.301	2.464	0.019
	CSR超规范行为＊文化思维	-0.241	0.117	-2.663	-2.063	0.046

续表

CSR 超规范行为下回归方程模型		非标准化系数		标准化系数	*t*	*p*
		B	Std. Error	Beta		
回归方程 3：品牌形象	(Constant)	6.755	1.670		4.045	0.001
	消费者—品牌情感	0.457	0.156	0.462	2.937	0.008
	企业伪善感知	-0.469	0.153	-0.483	-3.069	0.006

对于 CSR 低规范行为来说，首先针对消费者—品牌情感做回归分析来检验文化思维的调节作用。以 CSR 超规范行为、文化思维和 CSR 超规范行为乘以文化思维进入回归方程。结果发现(见表 5-7)：$F=43.903$，$p=0$，说明整个回归方程是显著的；由单个回归系数来看，CSR 低规范行为的回归系数为-0.855，$t=-10.198$，$p=0$，而文化思维的回归系数为 0.473，$t=1.970$，$p=0.057>0.05$，说明 CSR 低规范行为对消费者—品牌情感存在主效应，而文化思维的主效应并不显著。但是 CSR 低规范行为 * 文化思维的回归系数为-0.674，$t=-2.464$，$p=0.019$，说明文化思维在 CSR 低规范行为对消费者—品牌情感影响过程中的调节作用是显著的。因此，假设 H8a 得到检验。而对于企业伪善感知的回归结果显示：$F=33.890$，$p=0$，说明整个回归方程是显著的；但是由单个回归系数来看 CSR 低规范行为的回归系数为 0.864，$t=5.980$，$p=0$，说明 CSR 低规范行为与企业伪善感知正相关，并且是显著的。而文化思维的回归系数为-0.243，$t=-0.913$，$p=0.367$，说明文化思维对企业伪善感知并不存在主效应。最后是 CSR 低规范行为 * 文化思维的回归系数为-0.002，$t=-0.008$，$p=0.994>0.05$，显然文化思维在 CSR 低规范行为对企业伪善感知的影响过程中并不存在调节作用。因此，假设 H8b 得到检验。并且在消费者—品牌情感和企业伪善感知对品牌形象的回归方程显示：品牌形象=2.937 * 消费者品牌情感-3.069 * 企业伪善感知。这说明从整体来看，消费者品牌情感与品牌形象呈正相关关系，而企业伪善感知与品牌形象

呈负相关关系。

表 5-7　　　　　**CSR 低规范行为下回归方程模型**

CSR 低规范行为下回归方程模型		非标准化系数		标准化系数	t	p
		B	Std. Error	Beta		
回归方程 4：消费者—品牌情感	(Constant)	7. 917	0. 389		20. 346	0. 000
	CSR 低规范行为	-1. 127	0. 110	-0. 855	-10. 198	0. 000
	文化思维	0. 145	0. 073	0. 473	1. 970	0. 057
	CSR 低规范行为 * 文化思维	-0. 078	0. 032	-0. 674	-2. 464	0. 019
回归方程 5：企业伪善感知	(Constant)	-0. 073	0. 416		-0. 175	0. 862
	CSR 低规范行为	1. 102	0. 184	0. 864	5. 980	0. 000
	文化思维	-0. 072	0. 079	-0. 243	-0. 913	0. 367
	CSR 低规范行为 * 文化思维	0. 000	0. 034	-0. 002	-0. 008	0. 994
回归方程 6：品牌形象	(Constant)	6. 755	1. 670		4. 045	0. 001
	消费者—品牌情感	0. 457	0. 156	0. 462	2. 937	0. 008
	企业伪善感知	-0. 469	0. 153	-0. 483	-3. 069	0. 006

五、讨论

从上述数据分析中可以看出，当企业履行社会责任超规范行为时，将激发消费者对品牌的正面情感，因为回归系数为 1. 277，比较有意思的是文化思维对消费者—品牌情感也存在有主效应，并且显著。这说明中国消费者在看待企业社会责任超规范行为方面受中国传统文化，尤其是中庸文化思维方式的影响很大。CSR 超规范行为 * 文化思维的数据结果显示，文化思维起着负向的调节作用，这说明当企业履行社会责任超规范行为时，偏离的程度越大，所激发中庸思维消费者的正面品牌情感就越低，而所激发的极化思维消费者的正面情感就越高。这也正应了中国社会当中的古话：木秀于林，风必摧之，枪打出头鸟等，也说明企业履行社会责任超规范行为打破了社会系统的平衡，尽管是正面的行为，但是依然引起中庸思维消费者内心的担忧。这也正是我们在对超规范行为—企业伪善感知的回归中发现的，当 CSR 社会责任行为偏离过大时，虽然赢得了消费者对品牌情感的好感，但同时也引起消费者对其行为真实性的怀疑。由数据分析来看，CSR 超规范行为正向影响消费者—品牌情感反应，消费者—品牌情感的反应最终将正向影响品牌形象；而 CSR 超规范行为负向影响企业伪善感知，企业伪善感知则最终将负向影响品牌形象。

而当企业履行社会责任低规范行为时，则相应的将会激发消费者对品牌的负面情感，因为回归系数为-0.855，这符合人们的正常思维，负面的行为激发负面的情感。但是与 CSR 超规范行为不同的是，文化思维对消费者—品牌情感并不存在主效应，因为 $t=1.970$，$p=0.057>0.05$；但是文化思维在 CSR 低规范行为对消费者品牌情感的影响过程中却存在显著的调节作用，因为 $t=-2.464$，$p=0.019<0.05$。由此可见，当企业履行社会责任低规范行为时，与极化思维的消费者相比，中庸思维消费者的负面品牌情感反应相对较低。原因可能在于根据调节匹配理论，极化思维消费者的思维方式与 CSR 低规范行为相匹配，在负面评价过程中起到了促进作用；而中庸思维消费者的思维方式与 CSR 低规范行为不相匹配，在负面评价过程中起到防御作用。对于企业伪善感知来讲，在 CSR 低规范行为对企业伪善感知影响过程中，除了 CSR 低规范行为起着显著的主效应之外，文化思维以及 CSR 低规范行为 * 文化思维均不显著。也就是说当企业履行社会责任低规范行为时，在对企业伪善感知的影响过程中，文化思维并不起到调节的作用。原因可能在于 CSR 低规范行为本身已经具备较高的真实性，所以无论是中庸思维的消费者还是极化思维的消费者都不会有较高的伪善感知产生。最后是在消费者—品牌情感和企业伪善感知对品牌形象的回归中，消费者品牌情感与品牌形象呈正相关关系，而企业伪善感知与

品牌形象呈负相关关系。

因此，对于企业来讲，在履行社会责任行为时，研究市场上消费者的文化思维是非常有必要的，比较典型的就是东西方文化的对比。在研究三数据分析的基础上可以进行推理，若中国企业在中国市场上履行社会责任超规范行为，在提高消费者—品牌情感反应的同时，也提高了消费者对企业伪善的感知。若中国企业在西方国家的市场上，提高消费者—品牌情感反应的同时，就不会提高消费者对企业伪善的感知，原因在于受西方人极化思维的影响。另外就是在 CSR 超规范行为—品牌形象的影响过程中，消费者—品牌情感和企业伪善感知均起到了纽带的作用。但是如果企业履行低规范行为的话，在对消费者—品牌情感的影响过程中，文化思维还起着调节作用，但在对企业伪善感知的影响过程中，文化思维就不再起调节作用了。

第六章　总体结论

本章主要分为三个小节：研究总结与讨论、理论贡献与管理启示、研究局限与未来研究方向。研究总结主要是根据前面的文献梳理及实验研究对本书所研究的主要结论进行归纳总结。理论贡献与管理启示主要是根据研究结论对本书理论方面的贡献进行说明和阐述，并结合营销实践为企业履行前台社会责任行为提供建设性指导意见。研究局限与未来研究方向主要是结合本书的研究内容、研究方法等方面所存在的不足予以说明和解释，并在此基础上说明企业社会责任未来研究方向。

第一节　研究总结与讨论

本节主要是针对前面实验研究的结论进行归纳总结，但由于在实证研究当中，在变量的选择和研究设计方面存在一定的局限，所以我们认为并不能够系统解释 CSR 前台行为偏离对品牌形象的影响。因此，在实证研究结束之后，我们也做了一定的访谈，从中结合中国本土文化特征，深入讨论富贵和道德责任、能力和道德责任以及道德发展过程中的企业社会责任。

一、研究总结

在文献回顾的基础上，本书提出主要研究问题：企业社会责任前台行为偏离对品牌形象的影响，并围绕 CSR 行为规范标准和体系究竟是什么，CSR 前台行为偏离—消费者认知和情感反应—品牌形象影响过程以及在这一过程当中，存在哪些调节变量等问题展开实证研究。首先是根据拟剧论、社会规范理论和行为偏离理论，我们提出 CSR 前台行为偏离的概念，并结合主观(消费者内心的 CSR 行为规范)和客观(企业群体社会责任行为规范)两个方面的依据，将 CSR 前台行为偏离划分为 CSR 超/低规范行为。并从行为偏离识别和行为偏离程度两个方面进行测量，行为偏离识别主要包括统计上的少见和与群体的不一致；行为偏离程度主要包括是否远远超出企业群体的行为规范和社会公众的期望。

其次，我们研究了 CSR 前台行为偏离对消费者认知和情感的刺激，进而影响他们对品牌形象的评价。通过三个实验研究数据证明：CSR 超规范行为与消费者—品牌情感呈正相关关系，并且进一步提高企业品牌形象；但与此同时 CSR 超规范行为与企业伪善感知呈负相关关系，并且进一步降低企业品牌形象。也就是说企业履行社会责任超规范行为，在激发消费者对品牌正面情感的同时，也激发了消费者对企业社会责任的伪善感知。对于 CSR 低规范行为来说，同样与消费者—品牌情感呈正相关关系，只是进一步降低企业品牌形象；而对于企业伪善感知来说，无论是在何种情景下，消费者对 CSR 低规范行为的伪善感知均无显著的差异。也就是说 CSR 低规范行为本身具备较高的真实性，所以并不存在伪善感知。

最后是在 CSR 前台行为偏离—消费者认知和情感反应—品牌形象影响过程中，我们通过实证研究数据检验了品牌来源国、社会情景以及文化思维三个变量的调节作用。对品牌来源国来说，当企业履行社会责任超规范行为时，与本国品牌相比，国外品牌所激发消费者对品牌的正面情感更高，进而对品牌形象的评价也更高。原因在于消费者认为本国品牌属内团体，而国外品牌属外团体，内团体成员承担社会责任是应该的，而且期望值也相对较高，外团体承担社会责任是意外的，而且期望值也相对较低。可是就企业伪善感知来说，当企业履行社会责任超规范行为时，与本国品牌相比，消费者对国外品牌的伪善感知相对更低一些。原因在于，以往的研究表明，与法制完善的国家相比，法制相对不完善国家的消费者对本国品牌较缺乏信任感，再加上本国品牌负面事件的影响，最终导致本国消费者对本国品牌的伪善感知更高一些。当企业履行社会责任低规范行为时，与国外品牌相比，国内品牌所激发消费者对品牌的负面情感更低，进而对品牌形象的评价也更低。但就企业伪善感知而言，当企业履行社会责任低规范行为时，消费者对本国品牌和国外品牌间的评价无显著差异，这是由 CSR 低规范行为本身具有较高的真实性决定的。

对于社会情景来说，与平时情景相比，灾难情景下 CSR 超/低规范行为所激发消费者对品牌的正面/负面情感更高/低一些，进而对品牌形象的评价也更高/低。原因在于与平时情景相比，灾难情景下更能激发消费者的感性思维，增强消费者的亲社会意识和民族凝聚力。就企业伪善感知而言，与灾难情景下 CSR 超规范行为相比，当企业在平时情景下履行社会责任超规范行为时，消费者将会产生更高的企业伪善感知。原因可能在于灾难情景下，消费者的注意力大多在灾难事件上，较少留意企业社会责任超规范行为背后的真实性或动机；而在平时情景下，消费者常常会理性思考 CSR 超规范行为的真实性。同样，当企业履行社会责任低规范行为时，无论是平时情景还是灾难情景，消费者对企业伪善感知无显著差异。

对于文化思维来说，根据调节匹配理论，当企业履行社会责任超/低规范行为时，与中庸思维的消费者相比，极化思维的消费者将会对品牌产生更高/低的正面/负面情感，进而也会给予更高/低的品牌形象评价。原因在于极化思维消费者对信息的处理恰恰与 CSR 超/低规范行为相匹配，所以将会起到促进的作用；而中庸思维的消费者则相反，处理信息的模式与 CSR 超/低规范行为不相匹配，所以将会起到抑制作用。就企业伪善感知而言，当企业履行社会责任超规范行为时，与极化思维的消费者相比，中庸思维的消费者将产生更高的伪善感知。原因在于中庸思维的消费者认为一切破坏平衡、打破和谐的行为均是有问题的，而极化思维的消费者看待问题相对独立，倾向于打破平衡，追求独一无二。但当企业履行的是社会责任低规范行为时，与前面的结论一样，无论是何种文化思维的消费者，他们对企业伪善的感知无显著差异，原因在于 CSR 低规范行为本身具有较高的真实性。

二、研究讨论

上述结论不过是作者所承担的国家自然科学基金项目的阶段性研究成果。事实上，结合营销实践和理论研究，围绕企业究竟该如何输出 CSR 行为才能获得良好的品牌绩效和持续的竞争优势这一核心问题，还有许多待研究和解决的具体问题。此处我们将一一列举，为后来者或我们的后续研究奠定基础和提供方向(见表 6-1)。

表 6-1 **本项目待研究和解决的主要问题**

研究层面	相关理论基础	待研究和解决的问题
战略层面 CSR 行为导向	市场导向： ⊙消费者需求 ⊙群体竞争	消费者眼中 CSR 行为规范体系究竟是什么
		CSR 行为应该与规范保持一致还是偏离(超/低)规范
		受讯企业对发讯企业正/负面的 CSR 行为作何反应
战术层面 CSR 行为沟通	社会规范： ⊙个体角色 ⊙群体互动 ⊙社会期望	消费者眼中个体角色、群体互动、社会期望三个层面上具体的 CSR 行为规范究竟是什么
		当 CSR 行为低于、符合或者超出上述三个层面的行为规范时，分别将会对企业品牌绩效产生怎样的影响
	拟剧论： ⊙CSR 前台行为 ⊙CSR 前台化行为	CSR 行为输出过程中，有哪些因素会影响到前台沟通与展示的效果
		不同类型 CSR 前台(化)行为对品牌绩效影响的过程和机制是什么
	社会比较： ⊙同化效应 ⊙对比效应	CSR 行为发讯企业与受讯企业间相互影响和作用的过程和机制是什么
		受讯企业该如何运用同化和对比效应来提高/降低发讯企业社会责任行为正面/负面的溢出效应呢

(1)从战略层面来看，消费者眼中CSR行为输出过程中所依据的规范体系究竟是什么？在CSR战略选择上，企业应该从合法性的视角出发，与行为规范保持一致，还是应该从差异化的视角出发，偏离(超/低)行为规范呢？在CSR行为群体竞争过程中，受讯企业对发讯企业正/负面的CSR行为应该作何反应？

(2)从战术层面来看，消费者眼中企业个体角色、群体互动以及社会期望三个层面上，CSR行为输出的具体规范究竟是什么？在CSR行为输出过程中，是应该低于、符合还是超出各个层面的行为规范呢？在CSR行为输出的过程中，有哪些因素会影响到前台沟通与展示的效果呢？又该如何运用这些因素来影响消费者的感知呢？面对发讯企业正/负面的CSR行为，受讯企业该如何运用同化/对比效应的思维模式，才能提高/降低发讯企业社会责任正面/负面的溢出效应呢？

(3)从CSR行为对品牌绩效的影响来看，当CSR行为低于、符合或者超出上述三个层面的行为规范时，分别会对企业品牌绩效产生怎样的影响？不同类型的CSR前台(化)行为对企业品牌绩效影响的过程和机制是什么？而且在CSR群体行为竞争过程中，发讯/受讯企业间是如何相互影响和作用的？

第二节 理论贡献和管理启示

本节主要根据前文的研究归纳总结本研究的理论贡献，并在此基础上给出管理启示。理论贡献主要从三个方面详细阐述：企业社会责任前台行为偏离的测量标准，企业社会责任前台行为偏离对品牌形象影响的过程和机制以及在CSR前台行为偏离对品牌形象影响过程中文化思维的调节作用。而管理启示主要从企业对前台行为偏离的识别，企业究竟该如何通过履行社会责任行为偏离提高品牌形象以及面对国际化市场该如何展示前台的社会责任行为等方面进行说明。

一、理论贡献

本书的理论贡献主要体现在以下三个方面：

首先，提出了企业社会责任前台行为偏离的测量标准。在行为科学领域的研究当中，学者们依据社会规范（超/低）和公众评价（正/负）将行为偏离划分为四类：正面偏离、负面偏离、羡慕偏离和破产性责骂。而本研究则认为：同一种行为因公众评价不同而给予两种命名的做法是不合适的。因此，本书主要以企业群体规范和社会行为规范为参照，将企业社会责任偏离行为划分为：超规范行为和低规范行为。而对于两类偏离行为的测量则分为两个步骤：偏离行为的识别和偏离方向的程度。前者主要通过对统计上的不一致和企业群体行为上的不一致进行测量。而后者主要从企业群体规范（客观）层面和整个社会行为规范（主观）层面进行测量。从理论上来讲，该结论充实了社会责任行为研究的文献，并丰富了相关的理论基础；从实践上来讲，能够帮助企业识别自身的社会责任行为，有助于指导企业履行社会责任前台行为。

其次，探明了企业社会责任前台行为偏离对品牌形象的影响机制。在通过三个实验的研究设计和数据分析之后，发现整体来看CSR超/低规范行为均与消费者—品牌情感呈正相关关系，而且消费者—品牌情感与品牌形象呈正相关关系；而CSR超规范行为与企业伪善感知呈负相关关系，但是CSR低规范行为与企业伪善感知却无关，原因在于CSR低规范行为本身具有较高的真实性，大大降低了消费者对其的伪善感知。可是从整体来看，企业伪善感知与品牌形象呈负相关关系。由此可见，企业在前台履行社会责任超规范行为，在提高消费者对品牌正面情感的同时，也提高了消费者对企业的伪善感知；而在前台履行社会责任低规范行为时，在激发消费者对品牌负面情感的同时，却提高了消费者对企业行为感知的真实性。但有趣的是对于不同来源国的品牌、不同社会情景以及不同文化思维的消费者来说，消费者对企业伪善感知并无显著差异。

最后，在企业社会责任超/低规范行为对品牌形象影响过程中，发现文化思维（中庸/极化）起着显著的调节作用。通过回忆经历逆向问答的情景操控将被试划分为中庸思维的消费者和极化思维的消费者。结合企业社会责任超/低规范行为对品牌形象的影响，通过实验研究设计发现：文化思维在 CSR 超规范行为—企业伪善感知—品牌形象评价过程中起到显著的调节作用。也就是说与极化思维的消费者相比，中庸思维消费者的企业伪善感知更高，并存在显著的差异；但消费者品牌情感两种思维方式的消费者群体之间并不存在显著的差异。对于 CSR 低规范行为来说，文化思维在 CSR 低规范行为—消费者品牌情感—品牌形象评价过程中起到显著的调节作用。也就是说与极化思维的消费者相比，中庸思维消费者的品牌情感相对更高，并存在显著的差异；但企业伪善感知两种思维方式的消费者群体之间并不存在显著的差异。

二、管理启示

本书除了上述的理论贡献之外，对营销实践也有着重要意义，具体体现在：

第一，有利于企业清楚地认识到自己的社会责任行为特征，理解媒体和公众对其社会责任前台行为偏离热切关注的原因。互联网技术的发展，使得现实社会当中企业的一举一动都无处可藏，无论是企业主动而为的社会责任行为还是被动而为的社会责任行为，均可在短时间内被媒体和公众推向前台，不断被放大。当然由此而产生的正面或负面效应也将随之放大，或者会给企业带来巨大的正面的社会和经济绩效，也或者会给企业带来巨大的灾难。因此，企业在履行社会责任行为时应谨慎决策。从媒体对报道的需求来看，研究表明：与一致的行为相比，媒体和公众较倾向于关注不一致的行为，即偏离行为。而偏离行为划分的依据和标准就是社会规范，从广义(主观)上来讲，每个人内心的 CSR 行为规范标准是不一样的，比较难以把握。因此，建议企业在履行前台社会责任行为时主要参考狭义(客观)的社会规范，也就是说企业群体行为规范。只要企业在履行社会责任前台行为时，远远超出企业群体的平均行为规范即可获得较高的正面效应，同时要保证企业声明与行为的一致性，而不能分离或不对称。

第二，有利于企业清楚地认识到消费者品牌情感在 CSR 前台行为偏离—品牌形象影响过程中的重要作用。在以往学者对于 CSR 行为对品牌形象影响过程中，常提到的中介变量就是归因、企业声誉和顾客满意之类的变量，而对于消费者内心的认知和情感反应研究较少。可是在行为科学和心理学领域的研究均表明，不同的行为将激发公众(观众)不同的认知和情感反应。而在本研究当中，我们也发现当企业履行社会责任超规范行为时，将会激发消费者对品牌的正面情感，与此同时也将会提高消费者对企业的伪善感知，因为企业社会责任声明与社会责任承诺在时间上常常是分离的，所以会让消费者产生伪善的感知。但根据数据分析的结果，当企业履行社会责任超规范行为时，企业品牌形象最终得以提高而不是降低。而当企业履行社会责任低规范行为时，将会激发消费者对品牌的负面情感，进而降低品牌形象的评价；与此同时也将会降低企业伪善感知，进而提高品牌形象的评价。也就是说由于 CSR 低规范行为本身具有较高的真实性，所以消费者对企业伪善感知就会相对较低。

第三，有利于企业在进行品牌国际化扩张过程中，对履行社会责任前台行为偏离的理解和指导。经济全球化是未来发展的必然趋势，品牌国际化是中国品牌目前所面临的重大难题，而社会责任行为恰恰可以作为打开国际市场的一个重要手段和方式。因为研究表明企业品牌形象主要包含两个方面：能力(competence)和责任(warmth)，而且这两个方面对品牌形象的提升均起着重要的作用。然而，在品牌国际化的过程中，由于品牌似人，所以在人际关系理论的推导下，本国消费者会把本国品牌视为内团体，认为本国品牌应对本国社会承担更多的社会责任；而把外国品牌视为外团体，认为外国品牌应对本国社会承担相应较少的社会责任。如此一来，与本国品牌相比，若是国外品牌对本国社会履行了社会责任超规范行为，将会让本国消费者感觉到惊喜，或者是超出本国消费者的期望，最终导致本国消费者对国外品牌形象的评价超出对本国品牌形象的评价。而对于企业伪善感知来说，由于国外市场基础法制相对比较完善，而国内市场基础法制相对不够完善，所以与国外品牌相比，本国消费者对本国品牌的伪善感知相对较高。因此，企业在进行品牌国际化的过程中，若履行社会责任前台行为，则需关注品牌来源国这一因素在其中所起的影响作用。

第四，有利于企业识别履行社会责任行为时所处的社会情景，帮助企业在不同社会情景下做出适当的社会责任前台偏离行为。近些年国内外自然灾害性事件频繁发生，在这样的社会情景下，媒体和公众自然会对企业社会责任行为有较高的期望。以往的研究表明：不同的社会情景将激发人们不同的思维模式(例如：感性思维和理性思维)。所以说在平时情景下，若是企业履行社会责任超规范行为，与灾难情景下相比，所激发的消费者—品牌的正面情感要相对较低一些。原因在于灾难情景下，人们的思维模式较侧重于感性思维，而平时情景下人们的思维模式较侧重于理性思维。与此同时，若是企业履行社会责任低规范行为，与平时情景相比，灾难情景下人们对品牌的情感反应将会更加负面，进而对品牌形象的评价也将会更低。就企业伪善感知而言，与平时情景相比，灾难情景下当企业履行社会责任超规范行为时，消费者对企业的伪善感知则相对较低；但是当企业履行社会责任低规范行为时，消费者对企业的伪善感知则无显著差异。因此，企业在履行社会责任时，应当遵守在理性情景下，说理性的话、做理性的事；在感性情景下，说感性的话、做感性的事。

第五，有利于企业在面对不同文化思维特征的消费者群体时，帮助企业在不同国家文化背景下做出适当的社会责任前台偏离行为。由于品牌在国际化的过程中，会遇到不同国家的文化，例如，东方人较侧重于中庸的思维模式，西方人则较侧重于极化的思维模式，而不同文化背景下的消费者思维模型存在显著的差别，最终将影响人们对事物的认知和看法。因此，企业在履行社会责任前台行为偏离时，要考虑不同国家的文化思维。在本书的研究中，我们发现与极化思维的消费者相比，当企业履行社会责任超/低规范行为时，所激发中庸思维消费者对品牌的正/负面情感反应则相对较低/高。其原因一方面在于根据调节匹配理论，极化思维消费者的思维模式与 CSR 超规范行为相匹配，起到积极促进的作用；另一方面在于中庸思维的消费者常常会倾向于社会系统的和谐与平衡，若是有行为打破了这种和谐与平衡的局面，其内心将会感到不安，而极化思维的消费者则恰恰相反。同样的道理，就企业感知而言，与极化思维的消费者相比，中庸思维的消费者将产生更高的伪善感知。由此可见，企业在国际市场上履行社会责任行为不仅要考虑品牌来源国，而且还要考虑不同国家文化思维模式间的差异。

第三节　研究局限与未来研究方向

本节主要是根据前文的研究内容阐述本书的研究局限和未来研究方向，研究局限主要存在样本的选择、研究素材的选取以及操控情景的描述等方面，而未来研究方向主要从社会责任内涵的扩展、传统文化思想的引入、内在机制的探讨以及竞争优势的获取等方面给予说明。

一、研究局限

尽管在漫长的研究过程中，我们通过文献补充以及与老师和同学们的思想碰撞，不断修改和完善本研究，但终因能力、精力和时间等方面的有限性，本研究依然存在以下几个方面的局限：

第一，在实验研究当中样本的选择。此次研究我们选择了在校大学生作为研究对象，由于他们还未踏入社会，社会化程度不高，况且他们多为“85后”或“90后”的年轻人。对于企业社会责任行为的理解和认识可能与社会化程度较高、出生时代背景不同的消费者群体存在差异，从而降低了研究结论的外部效度。因此，在未来的研究当中，我们将克服这一问题，选择不同背景特征的消费者群体作为研究对象，提高样本的代表性和研究结论的推广程度。

第二，在实验研究中对企业社会责任超/低规范行为素材选取的单一性。由于本书将企业社会责任超/低规范行为的研究界定在慈善责任的层面，因此，我们在实验研究当中，对于企业社会责任行为的描述选取了营销实践当中最为常见的慈善行为——捐款。事实上，企业履行社会责任的行为方式有多种，例如，捐钱或捐时间等。但是在我们对于企业新闻事件的收集当中，未能发现除捐款之外的典型的社会责任行为方式。因此，我们在研究设计当中仅仅采用捐款作为研究企业社会责任偏离行为的一种方式。

第三，在实验研究设计当中对企业社会责任超/低规范行为以及社会情景的材料描述当中，真实性不够。由于本书是以慈善捐赠会议讨论为背景，因此，对于企业社会责任前台行为偏离以及社会情景的描述仅限于文字。显然，由于研究设计本身的局限，让我们觉得在情景描述中给出的信息多了容易引入干扰因素，给出的信息少了会显得缺乏真实性。而营销实践并非像研究设计那样，消费者可以真切地通过不同的渠道看到企业所展示的不同的社会责任行为，例如：2008 年“5·12”汶川地震期间王老吉、万科、碧桂园以及诺基亚等发表声明的方式各不相同，信息源以及它们对灾区的捐赠方式(捐钱、捐物、捐时间等)也各不相同。另外就是在灾难情景的描述中，我们只是说明自然灾害，并未说明是地震、海啸或者其他的灾难，这些情景的出现是否会影响研究的结果，需要进一步证明。所以说在沟通方式方面，本书的研究设计存在一定的局限。

二、未来研究方向

在本书的写作过程中，我们越发觉得企业社会责任前台行为偏离对企业品牌形象影响这一主题的研究空间越来越大。而本书针对企业社会责任前台行为偏离对企业品牌形象影响的研究仅仅是其冰山之一角，为了能看到冰山的全貌，使企业社会责任行为对企业品牌形象的研究更为透彻，我们认为未来关于该主题的研究有如下几个方向：

第一，从社会责任的内涵和行为方式着手。从 Carroll(1991)所提出的企业社会责任的定义和内涵来看，企业社会责任还包括经济责任、法律责任、伦理责任、道德责任，而不仅仅局限于本书所提到的慈善责任。因此，未来关于该主题的研究可以尝试着从经济责任、法律责任、伦理道德责任等几个层面，研究企业前台行为偏离对企业品牌形象的影响。另外，可以从企业社会责任的行为方式进行扩展和延伸，例如，捐钱和捐时间。通过不同的行为方式来验证企业社会责任超/低规范行为对企业品牌形象的影响，这样更加有说服力。同时，针对企业社会责任行为规范体系进一步深入探讨，研究出不同国家文化特征下的企业社会责任行为偏离划分依据，即 CSR 行为标准。结合社会公众的评价反应，对企业社会责任前台行为偏离进行更加细致的分类。这样可以为企业履行社会责任打开新的思路和新的空间，并为企业社会责任行为提供参考和指导。

第二，从中国传统文化着手，理解和认识消费者对企业社会责任超/低规范行为的评价。尽管我们将品牌来源地、社会情景以及文化思维三个成熟的规范的变量引入本研究，并得出丰富的有意义的研究结论，但就文化来看，仅仅一个文化思维(中庸/极化)是远远不够的。为此我们在焦点小组和深度访谈的基础上，从能力与道德责任、富贵与道德责任以及企业道德发展观三个方面进行思辨。但是该如何将这些具有较强思想性的词汇转化成为科学研究的规范的具有可操作性的变量，是未来需要研究的重要方向之一。同时，虽然传统的典藏文化当中对企业的描述普遍与狡诈、狡猾等字眼联系在一起，但是改革开放三十多年来，在人们对财富日益追求和崇拜的今天，企业的形象已经得到较大程度的改善，并且从整体来看，各国文化相互间都在融合与渗透。那么，在中国文化当中有哪些与社会责任相关的价值导向发生了变化，哪些没有发生变化，相信这些都将会成为未来很好的研究方向。

第三，在品牌个性特征、社会情景以及文化思维三个方面还可以继续挖掘新的调节变量，同时也可就品牌来源国和社会情景进一步探讨 CSR 前台行为偏离对消费者认知和情感影响的内在机制。在本书的研究当中，我们只是简单地分析了品牌来源国和社会情景分别在 CSR 前台行为—消费者认知和情感间的调节作用。但是对一些问题的研究并非很透彻，例如，当企业履行社会责任超规范行为时，与本国品牌相比，消费者对国外品牌所产生的正面情感会更高。当企业履行社会责任超规范行为时，与平时情景相比，灾难情景下消费者对品牌所产生的正面情感会更高。而对于其中的原因我们只是根据文献进行推理和说明，认为消费者与品牌之间存在内团体和外团体间的关系，认为灾难情景下更能够激发消费者内心的凝聚力和亲社会行为，但并未针对此使用科学规范的变量通过实证的研究方法进行数据分析。因此，这些也将成为本书未来的研究方向。

第四，如何通过企业社会责任前台行为偏离对品牌形象的影响获取持续的竞争优势，这也是未来研究的重要方向。我们在对企业社会责任相关文献进行梳理的过程中发现，以往学者较少涉及社会责任发讯企业与社会责任受讯企业间的对比研究，虽然费显政(2010)等研究了社会责任溢出效应，但那是负面效应的溢出，而对于正面效应的溢出很少有学者涉及。并且在溢出效应的研究当中，大多数学者侧重探讨的是调节变量的研究，也就是说影响溢出效应因素的研究。而对于自变量，究竟通过什么样的企业社会责任行为来提升品牌形象，进而获取持续的竞争优势，较少关注。因此，将研究的对象从单个企业上升至企业群体，分析社会责任行为在企业群体间的影响，是未来研究企业社会责任的重要方向。

综上所述，在企业社会责任前台行为偏离对企业品牌形象影响的这一大的主题下，本书的研究仅仅是一块垫脚石，才刚刚迈开一小步。在上述对本次研究局限认识和未来研究方向描述的基础上，可以看出还有很多有趣、有价值的问题等待着我们深入地探究下去，希望在以后的研究当中可以取得更多成果。

附　录

附录一：研究一问卷

尊敬的同学：

您好！我们是中南财经政法大学市场营销系项目组成员，正在进行一项市场调查。非常感谢您在百忙之中填写这份问卷！请按照您个人的实际感知对以下问题进行选择，您的观点对我们的研究非常有帮助，我们会对您所提供的信息严格保密。祝学习顺利，万事如意！

一、请观看视频，然后在您所选择的答案(数字)上打“✓”。

1. 您现在是否高兴？

非常不同意				一 般				非常同意
1	2	3	4	5	6	7	8	9

2. 您现在是否平静？

非常不同意				一 般				非常同意
1	2	3	4	5	6	7	8	9

3. 您现在是否生气？

非常不同意				一 般				非常同意
1	2	3	4	5	6	7	8	9

二、请阅读下面的材料，在您所选择的答案(数字)上打“✓”。

情景 1　操控(CSR 超规范 & 本国品牌)：最近，在北京举办的一场慈善捐赠讨论会当中，大批的企业针对中国社会慈善捐赠发表了声明，此事受到广大媒体和社会公众的热切关注。会上大多数企业承诺捐款 50 万~200 万元人民币不等，而本国品牌 B 则公开宣称：“……我们将向中国社会捐赠 1 亿元人民币……”

情景 2　操控(CSR 超规范 & 国外品牌)：最近，在北京举办的一场慈善捐赠讨论会当中，大批的企业针对中国社会慈善捐赠发表了声明，此事受到广大媒体和社会公众的热切关注。会上大多数企业承诺捐款 50 万~200 万元人民币不等，而国外品牌 B 则公开宣称：“……我们将向中国社会捐赠 1 亿元人民币……”

情景 3　操控(CSR 低规范 & 本国品牌)：最近，在北京举办的一场慈善捐赠讨论会当中，大批的企业针对中国社会慈善捐赠发表了声明，此事受到广大媒体和社会公众的热切关注。会上大多数企业承诺捐款 50 万~200 万元人民币不等，而本国品牌 B 则公开宣称：“……我们将向中国社会捐赠 1 块钱人民币……”

情景 4　操控(CSR 低规范 & 国外品牌)：最近，在北京举办的一场慈善捐赠讨论会当中，大批的企业针对中国社会慈善捐赠发表了声明，此事受到广大媒体和社会公众的热切关注。会上大多数企业承诺捐款 50 万~200 万元人民币不等，而国外品牌 B 则公开宣称：“……我们将向中国社会捐赠 1 块钱人民币……”

1. 我认为本国品牌 B 的捐款行为是很少见的。

非常不同意				一 般				非常同意
1	2	3	4	5	6	7	8	9

2. 我认为本国品牌 B 的捐款行为与大多数企业的捐款行为是不一致的。

非常不同意				一 般				非常同意
1	2	3	4	5	6	7	8	9

3. 如果我是本国品牌 B 的决策者，我也会这么做。

非常不同意				一般				非常同意
1	2	3	4	5	6	7	8	9

4. 看到本国品牌 B 的声明，我非常爱本国品牌 B。

非常不同意				一般				非常同意
1	2	3	4	5	6	7	8	9

5. 看到本国品牌 B 的声明，我认为本国品牌 B 是一个充满情感的品牌。

非常不同意				一般				非常同意
1	2	3	4	5	6	7	8	9

6. 看到本国品牌 B 的声明，我对该品牌的行为感到非常自豪。

非常不同意				一般				非常同意
1	2	3	4	5	6	7	8	9

7. 看到本国品牌 B 的声明，我认为它是虚伪的。

非常不同意				一般				非常同意
1	2	3	4	5	6	7	8	9

8. 看到本国品牌 B 的声明，我认为本国品牌 B 将兑现其承诺。

非常不同意				一般				非常同意
1	2	3	4	5	6	7	8	9

9. 看到本国品牌 B 的声明，我认为本国品牌 B 说的和做的是两回事。

非常不同意				一般				非常同意
1	2	3	4	5	6	7	8	9

10. 我认为本国品牌 B 的捐款________其他企业品牌正常的捐款水平。

远远低于				符合				远远超出
1	2	3	4	5	6	7	8	9

11. 我认为本国品牌 B 的捐款__________我的期望。

远远低于				符合				远远超出
1	2	3	4	5	6	7	8	9

12. 看到本国品牌 B 的声明，我认为本国品牌 B 是值得赞同的。

非常不同意				一般				非常同意
1	2	3	4	5	6	7	8	9

13. 看到本国品牌 B 的声明，我认为本国品牌 B 很有社会责任感。

非常不同意				一般				非常同意
1	2	3	4	5	6	7	8	9

14. 看到本国品牌 B 的声明，我对本国品牌 B 的评价是积极正面的。

非常不同意				一般				非常同意
1	2	3	4	5	6	7	8	9

三、被调查者背景资料

1. 您的性别：□ 男　　□ 女
2. 您的年龄：□ 25 岁以下　□ 26~35 岁　□ 36~45 岁　□ 46~55 岁
3. 您的学历：□ 本科以下　□ 本科　□ 硕士/MBA　□ 博士
4. 您的学号是：______________________

谢谢您的合作！

附录二：研究二问卷

尊敬的同学：

您好！我们是中南财经政法大学市场营销系项目组成员，正在进行一项市场调查。非常感谢您在百忙之中填写这份问卷！请按照您个人的实际感知对以下问题进行选择，您的观点对我们的研究非常有帮助，我们会对您所提供的信息严格保密。祝学习顺利，万事如意！

一、请观看视频，然后在您所选择的答案(数字)上打“✓”。

1. 您现在是否高兴？

非常不同意				一般				非常同意
1	2	3	4	5	6	7	8	9

2. 您现在是否平静？

非常不同意				一般				非常同意
1	2	3	4	5	6	7	8	9

3. 您现在是否生气？

非常不同意				一般				非常同意
1	2	3	4	5	6	7	8	9

二、请阅读下面的材料，在您所选择的答案(数字)上打“✓”。

情景1　操控(CSR超规范行为 & 平时情景)：最近，在北京举办的一场慈善捐赠讨论会当中，大批的企业针对中国社会慈善捐赠发表了声明，此事受到广大媒体和社会公众的热切关注。会上大多数企业承诺捐款50万~200万元人民币不等，而品牌B则公开宣称：“……我们将向中国社会捐赠1亿元人民币……”

情景2　操控(CSR超规范行为 & 灾难情景)：最近，在北京举办的一场重大灾后慈善捐赠讨论会中，大批的企业针对受灾地区慈善捐赠发表了声明，此事受到广大媒体和社会公众的热切关注。会上大多数企业承诺捐款 50 万～200 万元人民币不等，而品牌 B 则公开宣称："……我们将向受灾地区捐赠 1 亿元人民币……"

情景 3 操控(CSR 低规范行为 & 平时情景)：最近，在北京举办的一场慈善捐赠讨论会当中，大批的企业针对中国社会慈善捐赠发表了声明，此事受到广大媒体和社会公众的热切关注。会上大多数企业承诺捐款 50 万～200 万元人民币不等，而品牌 B 则公开宣称："……我们将向中国社会捐赠 1 块钱人民币……"

情景 4 操控(CSR 低规范行为 & 灾难情景)：最近，在北京举办的一场重大灾后慈善捐赠讨论会中，大批的企业针对受灾地区慈善捐赠发表了声明，此事受到广大媒体和社会公众的热切关注。会上大多数企业承诺捐款 50 万～200 万元人民币不等，而品牌 B 则公开宣称："……我们将向受灾地区捐赠 1 块钱人民币……"

1. 我认为品牌 B 的捐款行为是很少见的。

非常不同意				一 般				非常同意
1	2	3	4	5	6	7	8	9

2. 我认为品牌 B 的捐款行为与大多数企业的捐款行为是不一致的。

非常不同意				一 般				非常同意
1	2	3	4	5	6	7	8	9

3. 如果我是品牌 B 的决策者，我也会这么做。

非常不同意				一 般				非常同意
1	2	3	4	5	6	7	8	9

4. 看到品牌 B 的声明，我非常爱品牌 B。

非常不同意				一 般				非常同意
1	2	3	4	5	6	7	8	9

5. 看到品牌 B 的声明，我认为品牌 B 是一个充满情感的品牌。

非常不同意				一 般				非常同意
1	2	3	4	5	6	7	8	9

6. 看到品牌 B 的声明，我对该品牌的行为感到非常自豪。

非常不同意				一 般				非常同意
1	2	3	4	5	6	7	8	9

7. 看到品牌 B 的声明，我认为它是虚伪的。

非常不同意				一 般				非常同意
1	2	3	4	5	6	7	8	9

8. 看到品牌 B 的声明，我认为品牌 B 将兑现其承诺。

非常不同意				一 般				非常同意
1	2	3	4	5	6	7	8	9

9. 看到品牌 B 的声明，我认为品牌 B 说的和做的是两回事。

非常不同意				一 般				非常同意
1	2	3	4	5	6	7	8	9

10. 我认为品牌 B 的捐款________其他企业品牌正常的捐款水平。

远远低于				符 合				远远超出
1	2	3	4	5	6	7	8	9

11. 我认为品牌 B 的捐款__________我的期望。

远远低于				符 合				远远超出
1	2	3	4	5	6	7	8	9

12. 看到品牌 B 的声明，我认为品牌 B 是值得赞同的。

非常不同意				一 般				非常同意
1	2	3	4	5	6	7	8	9

13. 看到品牌 B 的声明，我认为品牌 B 很有社会责任感。

非常不同意				一 般				非常同意
1	2	3	4	5	6	7	8	9

14. 看到品牌 B 的声明，我对品牌 B 的评价是积极正面的。

非常不同意				一 般				非常同意
1	2	3	4	5	6	7	8	9

三、被调查者背景资料

1. 您的性别：☐ 男　　☐ 女
2. 您的年龄：☐ 25 岁以下　☐ 26~35 岁　☐ 36~45 岁　☐ 46~55 岁
3. 您的学历：☐ 本科以下　☐ 本科　☐ 硕士/MBA　☐ 博士
4. 您的学号是：______________________________

谢谢您的合作！

附录三：研究三问卷

尊敬的同学：

您好！我们是中南财经政法大学市场营销系项目组成员，正在进行一项市场调查。非常感谢您在百忙之中填写这份问卷！请按照您个人的实际感知对以下问题进行选择，您的观点对我们的研究非常有帮助，我们会对您所提供的信息严格保密。祝学习顺利，万事如意！

一、请描述一下：

极化思维情景操控：在你以往的经历中，因没有坚持自己的观点和主张，而做出与众人一致且比较中庸的行为，最终让你感到非常后悔或遗憾的事情。

中庸思维情景操控：在你以往的经历中，因极力坚持自己的观点和主张，并做出与众不同且相对极端的行为，最终让你感到非常后悔或遗憾的事情。

请在您所选择的答案(数字)上打“√”

1. 接受中间立场比走极端要更令人满意。

非常不同意				中 立				非常同意
1	2	3	4	5	6	7	8	9

2. 当人们意见存在分歧时，他们应该寻找妥协并接受所有人观点的办法。

非常不同意				中 立				非常同意
1	2	3	4	5	6	7	8	9

3. 当一个人的观点与他人发生冲突时，寻找折中的点要比争论谁对谁错更加重要。

非常不同意				中 立				非常同意
1	2	3	4	5	6	7	8	9

4. 在辩论过程中，与人们的观点不一致相比，大家的观点一致会更令人满意。

非常不同意				中 立				非常同意
1	2	3	4	5	6	7	8	9

5. 在辩论的过程中，人们不应该选择中间立场。

非常不同意				中 立				非常同意
1	2	3	4	5	6	7	8	9

6. 我们应该避免走极端。

非常不同意				中 立				非常同意
1	2	3	4	5	6	7	8	9

二、请观看视频，然后在您所选择的答案(数字)上打“✓”。

1. 您现在是否高兴？

非常不同意				一 般				非常同意
1	2	3	4	5	6	7	8	9

2. 您现在是否平静？

非常不同意				一 般				非常同意
1	2	3	4	5	6	7	8	9

3. 您现在是否生气？

非常不同意				一 般				非常同意
1	2	3	4	5	6	7	8	9

三、请阅读下面的材料，在您所选择的答案(数字)上打“✓”。

CSR超规范行为情景操控：最近，在北京举办的一场慈善捐赠讨论会当中，大批的企业针对中国社会慈善捐赠发表了声明，此事受到广大媒体和社会公众的热切关注。会上大多数企业承诺捐款50万~200万元人民币不等，而品牌B则公开宣称：“……我们将向中国社会捐赠1亿元人民币……”

CSR低规范行为情景操控：最近，在北京举办的一场慈善捐赠讨论会当中，大批的企业针对中国社会慈善捐赠发表了声明，此事受到广大媒体和社会公众的热切关注。会上大多数企业承诺捐款50万~200万元人民币不等，而品牌B则公开宣称：“……我们将向中国社会捐赠1块钱人民币……”

1. 我认为品牌B的捐款行为是很少见的。

非常不同意				一般				非常同意
1	2	3	4	5	6	7	8	9

2. 我认为品牌B的捐款行为与大多数企业的捐款行为是不一致的。

非常不同意				一般				非常同意
1	2	3	4	5	6	7	8	9

3. 如果我是品牌B的决策者，我也会这么做。

非常不同意				一般				非常同意
1	2	3	4	5	6	7	8	9

4. 看到品牌B的声明，我非常爱品牌B。

非常不同意				一般				非常同意
1	2	3	4	5	6	7	8	9

5. 看到品牌B的声明，我认为品牌B是一个充满情感的品牌。

非常不同意				一般				非常同意
1	2	3	4	5	6	7	8	9

6. 看到品牌 B 的声明，我对该品牌的行为感到非常自豪。

非常不同意				一 般				非常同意
1	2	3	4	5	6	7	8	9

7. 看到品牌 B 的声明，我认为它是虚伪的。

非常不同意				一 般				非常同意
1	2	3	4	5	6	7	8	9

8. 看到品牌 B 的声明，我认为品牌 B 将兑现其承诺。

非常不同意				一 般				非常同意
1	2	3	4	5	6	7	8	9

9. 看到品牌 B 的声明，我认为品牌 B 说的和做的是两回事。

非常不同意				一 般				非常同意
1	2	3	4	5	6	7	8	9

10. 我认为品牌 B 的捐款________其他企业品牌正常的捐款水平。

远远低于				符 合				远远超出
1	2	3	4	5	6	7	8	9

11. 我认为品牌 B 的捐款__________我的期望。

远远低于				符 合				远远超出
1	2	3	4	5	6	7	8	9

12. 看到品牌 B 的声明，我认为品牌 B 是值得赞同的。

非常不同意				一 般				非常同意
1	2	3	4	5	6	7	8	9

13. 看到品牌 B 的声明，我认为品牌 B 很有社会责任感。

非常不同意				一 般				非常同意
1	2	3	4	5	6	7	8	9

14. 看到品牌 B 的声明，我对品牌 B 的评价是积极正面的。

非常不同意				一 般				非常同意
1	2	3	4	5	6	7	8	9

四、被调查者背景资料

1. 您的性别：□ 男　　　□ 女
2. 您的年龄：□ 25 岁以下　□ 26~35 岁　□ 36~45 岁
   □ 46~55 岁
3. 您的学历：□ 本科以下　□ 本科　□ 硕士/MBA　□ 博士
4. 您的学号是：________________

谢谢您的合作！

参考文献

[1]Aaker, D. A.. *Managing brand equity*, New York: The Free Press, 1991.

[2]Aaker, D. A., Keller, K. L.. Consumer Evaluations of Brand Extensions. *Journal of Marketing*, 1990, 54(1): 27-41.

[3] Aaker, J., Benet-Martínez, V., Garolera, J.. Consumption Symbols as Carriers of Culture: A Study of Japanese and Spanish brand Personality Constructs. *Journal of Personality and Social Psychology*, 2001, 81(3): 492-508.

[4]Aaker, J., K. D. Vohs, et al.. Nonprofits Are Seen as Warm and For-Profits as Competent: Firm Stereotypes Matter. *Journal of Consumer Research*, 2010, 37(2): 224-237.

[5]Aaker, Jennifer, Dimensions of Brand Personality. *Journal of Marketing Research*, 1997, 34(3): 347-356.

[6]Aaker, Jennifer Lynn, Benet-Martínez, Verónica, Garolera, Jordi. Consumption symbols as carriers of culture: A study of Japanese and Spanish brand personality constucts. *Journal of Personality and Social Psychology*, 2001, 81(3): 492-508.

[7]Abagail Mcwiliams, Donald Siegel. Corporate social Responsibility: A Theory of the firm Perspective. *Academy of Management Review*, 2001, 26(1): 117-127.

[8]Abelson, Robert P. et al.. *Theories of Cognitive Consistency: A Sourcebook*. Chicago: Rand McNally, 1968.

[9] Adamy, Janet, Roger Thurow. Ethiopia Battles Starbucks over Rights to Coffee Names. *The Wall Street Journal*, 2007, 5: 1-15.

[10] Alan Elwood. Using the disaster Crunch/Release Model in building Organizational Resilience. *Journal of Business Continuity & Emergency Planning*, Volume3, Number3, 2009, 3(3): 241-247.

[11] Albaum, Gerald, Robert A. Peterson.. Empirical Research in International Marketing. *Journal of International Business Studies*, 1984, 15: 161-173.

[12] Ali M. Quazi, Dennis O'Brien. An Empirical Test of a Cross-national Model of Corporate Social Responsibility. *Journal of Business Ethics*, 2000, 25: 33-51.

[13] Amine, L. S. , Chao, M., Arnold, M.. Exploring the Practical Effects of Country of Origin, Animosity, and Price-quality Issues: two Case Studies of Taiwan and Acer in China. *Journal of International Marketing*, 2005, 13(2): 114-150.

[14] Anderson, Jolibert. Meta-analysis of Country-of-Origin Effects. *Journal of International Business Studies*, 1995, 81(3): 883-900.

[15] Andrew C. Inkpen, Eric W. K. Tsang. Social Capital, Networks, and Knowledge Transfer. *The Academy of Management Review*, 2005, 30(1): 146-165.

[16] Angela Y. Lee, Punam Anand Keller, Brian Sternthal. Value from Regulatory Construal Fit: The Persuasive Impact of Fit between Consumer Goals and Message Concreteness. *Journal of Consumer Research*, 2010, 36(5): 735-747.

[17] Arnould, Eric J., Craig J. Thompson, Consumer Culture Theory (CCT): Twenty Years of Research. *Journal of Consumer Research*, 2005, 31: 868-882.

[18] Bansal, Ravi, Robert F. Dittmar, Christian Lundblad. *What risks should investors care about.* Working paper, Duke University, 2004.

[19] Barden, Jamie, Derek D. Rucker, Richard E. Petty. Saying One Thing and Doing Another: Examining the Impact of Event Order on Hypocrisy Judgments of Others. *Personality and Social Psychology*

Bulletin, 2005, 31(11): 1463-1474.

[20] Belk, R. W.. Possessions and the extended Self. *Journal of Consumer Research*, 1988, 15(2): 139-168.

[21] Ben-Yehuda, N.. Positive and Negative Deviance: More Fuel for a Controversy. *Deviant Behavior*, 1990, 11(3): 221-243.

[22] Berens, Guido, Riel, Cees B. M. van and Bruggen, H. van Gerrit. Corporate Associations and Consumer Product Responses: The Moderating Role of Corporate Brand Dominance. *Journal of Marketing*, 2005, 69: 35-48.

[23] Bergami, M., Bagozzi, R. P.. Self-Categorization, Affective Commitment and Group Self-Esteem as Distinct Aspects of Social Identity in the Organization. *British Journal of Social Psychology*, 2000, 39: 555-577.

[24] Berle, A. A.. Modern Functions of the Corporate System. *Calumbia Law Review*, 1962, 62(3): 433-449.

[25] Bhat, Subodh, Srinivas K. Reddy. Symbolic and Functional Positoning of Brands. *The Journal of Consumer Marketing*, 1998, 15(1): 32-43.

[26] Bhattachaarya, C. B., S. Sen.. Doing Better at Doing Good: When, Why, and How Consumers Respond to Corporate Social Initiatives. *California Management Review*, 2004, 47(1): 9-24.

[27] Biehal, Gabriel J., Sheinin, Daniel. The Influence of Corporate Messageson the Product Portfolio. *Journal of Marketing*, 2007, 71: 12-25.

[28] Biel, A. L.. Converting image into equity, in Aaker, D. A. and Biel, A. L. *Brand Equity & Advertising's Role in Building Strong Brands*. NJ: Lawrence Erlbaum Associates Hill dale, 1993: 67-82.

[29] Bielak, Debbie, Sheila M. J. Bonini, Jeremy M. Oppenheimer, CEOs on Strategy and Social Issues. *McKinsey Quarterly*, 2007(10): 8-12.

[30] Bird M, Channon C, Ehrenberg ASC. Brand Image And Brand Usage. *Journal of Marketing Research*, 1970, 7(8): 307-314.

[31] Blawatt, K.. Defining the entrepreneur: *A conceptual model of entrepreneurship*, Proceedings of the 12th Annual Conference of the CCSBE (Canadian Council for Small Business and Entrepreneurship), Thunder Bay, Ontario, October 1995: 33-37.

[32] Bless, Herbert, Gerald Bohner, Norbert Schwarz, Fritz Strack. Mood and Persuasion: A Cognitive Response Analysis. *Personality and Social Psychology Bulletin*, 1990, 16(6): 331-345.

[33] Bowen, H. R. and Borthers. *Social Responsibilities of the Businessman*. New York: Harper, 1953.

[34] Bower, G. H., Forgas, J. P.. *Affect, Memory, and Social Cognition*. NY: Oxford University Press, 2000: 87-168.

[35] Brakus J. J., Schmitt B. H., Zarantonello L.. Brand Experience: What Is It? How Is It Measured? Does It Affect Loyalty? *Journal of Marketing*, 2009, 73: 52-68.

[36] Brown, Tom J., Dacin, Peter A.. The Company and the Product: Corporate Associations and Consumer Product Responses. *Journal of Marketing*, 1997, 61: 68-84.

[37] Bushman, B. J., Baumeister, R. F., Phillips, C. M.. Do people aggress to improve their mood? Catharsis beliefs, affect regulation opportunity, and aggressive responding. *Journal of Personality and Social Psychology*, 2001, 81(1): 17-32.

[38] Carroll B A, Ahuvia A C.. Some antecedents and outcomes of brand love. *Marketing Letters*, 2006, 17(2): 79-89.

[39] Carroll, A. B.. The Pyramid of Corporate Social Responsibility: Toward the Moral Management of Organizational Stakeholders. *Business Horizons*, 1991, 34(4): 39-48.

[40] Chan, E., J. Sengupta. Insincere Flattery Actually Works: A Dual Attitudes Perspective. *Journal of Marketing Research* (*JMR*), 1991, 47(1): 122-133.

[41] Chao P.. Partitioning Country of Origin Effects: Evaluations of a Hybrid Product. *Journal of International Business Studies*, 1993, 24 (2): 291-306.

[42] Charles E. Kimble, H. David Zehr. Self-Consciousness, Information Load, Self-Presentation, and Memory in a Social Situation. *The Journal of Social Psychology*, 1982, 118(1): 39-46.

[43] Chen, Chuansheng, Shin-ying Lee, Harold W. Stevenson. Response Style and Cross-Cultural Comparisons of Rating Scales among East Asians and North American Students. *Psychological Science*, 1995, 6(3): 170-175.

[44] Choi, I., Nisbett, R. E.. Situational salience and cultural differences in the correspondence bias and in the actor-observer bias. *Personality and Social Psychology Bulletin*, 1998, 24: 949-960.

[45] Choi, I., Dalal, R., Kim-Prieto, C., Park, H.. Culture and judgment of causal relevance. *Journal of Personality and Social Psychology*, 2003, 84: 46-59.

[46] Choi, I., Nisbett, R. E., Smith, E. E.. Culture, categorization and inductive reasoning. *Cognition*, 1997, 65: 15-32.

[47] Chu, Po-Young, Mei-Jane Teng, Yu-Ling Lin, Min-Hsieh Liu. *The Empirical Study of the Relationship between the Intellectual Capital and Profitability in the Fabless Industry in Taiwan and America*. Proceedings of the National Academy of Sciences, 2008, 183: 357-360.

[48] Chua, H. F., Boland, J. E., Nisbett, R. E.. *Cultural variation in eye movements during scene perception*. Proceedings of the National Academy of Sciences, 2005, 102: 12629-12633.

[49] Clarkson, M. B. E.. A Stakeholder Framework for Analyzing and Evaluating Corporate Social Performance. *Academy of Management Review*, 1995, 20: 65-91.

[50] Cova, B.. The Postmodern Explained to Managers: Implications for Marketing. *Business Horizons*, 1996, 6(11-12): 15-23.

[51] Dahlen, Micael, Fredrik Lange. , A Disaster is Contagious: How a Brand in Crisis Affects Other Brand? *Journal of Advertising Research*, 2006, 46(12): 388-396.

[52] Daniel, Milotic. The Impact of Fragrance on Consumer Choice. *Journal of Consumer Behaviour*, 2006, 3(2): 179-191.

[53] Davies, G. , Chun, R. , DA Silva, R., Roper, S.. *Corporate Reputation and Competitiveness*. London, UK: Routledge, 2003.

[54] Davis K., Blomstrom R. L.. *Business and society: Environment and responsibility*. New York: McGraw-Hill, 1975.

[55] Davis K.. The case for and against business assumption of social responsibilities. *Academy of Management Journal*, 1960 (16): 312-322.

[56] Day, George S. , Robin Wensley. Marketing Theory With a Strategic Orientation. *Journal of Marketing*, 1988, 47: 79-89.

[57] Dean, Kathryn. Self-care components of lifestyles: The importance of gender, attitudes and the social situation. *Social Science& Medicine*, 1989, 29(2): 137-152.

[58] Deephouse, D. L.. Media reputation as a strategic resource: An integration of mass communication and resource based theories. *Journal of Management*, 2000, 26: 1091-1112.

[59] Don L. , Durand, Richard M. , Dreves, Robert. The Use tion of Store Image Characteristics to Store-Type Choice. *Journal of Retailing*, 1976, 52: 23-34.

[60] Donald P. Robin, R. Eric Reidenbach. Social Responsibility, Ethics, and Marketing Strategy: Closing the Gap Between Concept and Application. *Journal of Marketing*, 2007(51): 44-58.

[61] Donald W. Hendon, Emelda L. Williams. Winning The Battle For Your Customer. *Journal of Consumer Marketing*, 1985, 2(4): 65-75.

[62] Duncan T., Moriarty S. 品牌至尊——利用整合营销创造终极价值. 北京: 华夏出版社, 2000.

[63] Durgee, Jeffrey F., Robert W. Stuart. Advertising Symbols and Brand Names that Best Represent Key Product Meanings. *Journal of Consumer Marketing*, 1987, 4(3): 15-24.

[64] Dzever S, Quester P.. Country-of-origin effects on purchasing agent's product perceptions: An australian perspective. *Industrial Marketing Management*, 1999, 28: 165-175.

[65] Elisabet Garriga, Domenec Mele. Corporate Social Responsibility Theories: Mapping the Territory. *Journal of Business Ethics*, 2004, 53: 51-71.

[66] Ellen, Pam Scholder, Deborah J. Webb and Lois A. Mohr. Building Corporate Associations: Consumer Attributions for Corporate Socially Responsible Programs. *Journal of the Academy of Marketing Science*, 2006, 34: 138-147.

[67] Ernst Fehr, Urs Fischbacher, Michael Kosfeld. Neuroeconomic Foundations of Trust and Social Preferences: Initial Evidence. *The American Economic Review*, 2005, 95(2): 346-351.

[68] Escalas, Jennifer E.. Imagine Yourself in the Product: Mental Simulation, Narrative Transportation, and Persuasion. *Journal of Advertising*, 2004, 33(2): 37-48.

[69] Essoussi, L. H., Merunka, D.. Consumers' product evaluations in emerging markets. *International Marketing Review*, 2007, 24(4): 409-426.

[70] F. A. 哈耶克．致命的自负．冯克利，胡晋华，译．北京：中国社会科学出版社，2000：132-133.

[71] Fabrigar LR, Petty RE.. The role of the affective and cognitive bases of attitudes in susceptibility to affectively. *Pers Soc Psychol Bull*, 1999, 25: 363-381.

[72] Fekete E, Geaghan TR, Druley JA.. Affective and behavioural reactions to positive and negative health-related social control in HIV+men. *Psychol Health*, 2009, 24(5): 501-515.

[73] File, Karen Maru, Russ Alan Prince. Cause Related Marketing

and Corporate Philanthropy in the Private Held Enterprise. *Journal of Business Ethics*, 1998, 28: 1529-1539.

[74] Flippen. Annette R. Harvey A. Hornstein, William E. Siegal, Eben A. Weitzman. A Comparison of Similarity and Interdependence as Trigger for in-Group Eormaiion. *Personality and Social Psychology Bulletin*, 1996, 22(9): 882-893.

[75] Fournier, S.. Consumer and Their Brands Developing Relationship Theory in Consumer Research. Journal of Consumer Research, 1998, 24: 28-37.

[76] Francine Rosselli, John J. Skelly, Diane M. Mackie. Processing Rational and Emotional Messages: The Cognitive and Affective Mediation of Persuasion, *Journal of Experimental Social Psychology*, 1995, 31(2): 163-190.

[77] Friedman, M.. The Social Responsibility of Business Is to Increase Its Profits. *The New York Times Magazine*, 1970, 13: 122-126.

[78] Friedman, R., Lessig, V. P.. A Framework of Psychological Meaning of Products. *Advances of consumer research*, 1986(13): 338-342.

[79] Friedmann, Robertoand Parker V. Lessig. Psychological Meaning of Products and Product Positioning. *Journal of Product Innovation Management*, 1987, 4(4): 265-273.

[80] Friesen, Wallace V.. Cultural differences in facial expressions in a social situation: An experimental test on the concept of display rules. *Dissertation Abstracts International*, 1973, 33 (8-13): 3976-3977.

[81] Gaines R. L.. CEO reputation: A key factor in shareholder value. *Corporate Reputation Review*, 2000, 3(4): 366-370.

[82] Galaskiewicz, J., B. Rauschenbach. The Corporation-Culture Connection A Test of Interorganizational Theories. *Community Organizations Studies In Resource Mobilization and Exchange*, 1998, 3: 119-135.

[83] Gamson, J.. *Claims to fame: Celebrity in contemporary America*. Berkeley, CA: University of California Press, 1994.

[84] Gardner, Burleigh B., Sidney J. Levy. The Product and the Brand. *Harvard Business Review*, 1955, 33(4): 33-39.

[85] George Cvetkovich, Michael Siegrist, Rachel Murray, Sarah Tragesser. New information and social trust: asymmetry and perseverance of attributions about hazard managers. *Risk analysis: an official publication of the Society for Risk Analysis*, 2002, 22(2): 359-367.

[86] Geuens M, De Pelsmacker P. Affect intensity revisited: individual differences and the communication effects of emotional stimuli. *Psychol Mark*, 1999, 16: 195-209.

[87] Green, Melanie C., Timothy C. Brock. The Role of Transportation in the Persuasiveness of Public Narratives. *Journal of Personality and Social Psychology*, 2000, 79(5): 701-721.

[88] Greening, D. W. , Turban, D. B. A. U. O. M.. Corporate Social Performance as a Competitive Advantage in Attracting a Quality Workforce. *Business and Society*, 2000, 39(3): 254-280.

[89] Grönroos, Christian. Relationship Approach to Marketing in Service Contexts: The Marketing and Organizational Behavior Interface, *Journal of Business Research*, 1990, 20(1): 3-11.

[90] Gu Rhan-Canl I Z, Maheswaran D. Cultural Variantions in Country of Origin Effects. *Journal of Marketing Research*, 2000, 37(3): 309-317.

[91] Guijun Zhuang, Xuehua Wang, Lianxi Zhou, Nan Zhou. Asymmetric Effects of Brand Origin Confusion: Evidence from the Emerging Market of China. International Marketing Review, 2008, 25(4): 441-457.

[92] Gürhan-Canli, Z., D. Maheswaran. Cultural Variations in Country of Origin Effects. *Journal of Marketing Research* (JMR), 2000, 37(3): 309-317.

[93] Haddock G, Zanna MP.. Predicting Prejudicial Attitudes: the Importance of Affect, Cognition, and the Feeling-Belief Dimension. *Adv Consumres*, 1993, 20(3): 315-328.

[94] Hamilton, D. L., Sherman, S. J.. Perceiving persons and groups. *Psychological Review*, 1996, 103: 336-355.

[95] Han C M. Country Image: Halo or Summary Constructs. *Journal of Marketing Research*, 1989, 26(2): 222-229.

[96] Han, Y. J., J. C. Nunes, et al.. Signaling Status with Luxury Goods: The Role of Brand Prominence. *Journal of Marketing*, 2010, 74(4): 15-30.

[97] Harris WD, Moore DJ. Affect Intensity as an Individual Difference Variable in Consumer Response to Advertising Appeals. *Adv Consum Res*, 1990, 17: 792-807.

[98] Hawkes, R.. Norms, deviance, and social control: A mathematical elaboration of concepts, *American Journal of Sociology*, 1975, 80(3): 886-908.

[99] Heckert, *Druann.. Positive Deviance: A Classificatory Model.* Free Inquiry in Creative Sociology , 1998, 26(2): 23-30.

[100] Heckert, A., Heckert, D.. A New Typology of Deviance: Integrating Normative and Reactivist Definitions of Deviance. *Deviant Behavior: An Interdisciplinary Journal*, 2002, 23: 449-479.

[101] Hedden, T., Ji, L., Jing, Q., Jiao, S., Yao, C., Nisbett, R. E., et al.. *Culture and Age Differences in Recognition Memory for Social Dimensions.* Paper presented at the Cognitive Aging Conference, Atlanta, GA, April, 2000.

[102] Heine, Steven H., Darrin R. Lehman. Culture, Dissonance, and Self-Affirmation. *Personality and Social Psychology Bulletin*, 1997, 23(4): 389-400.

[103] Hendon, D. W., Williams, E. L.. Winning the Battle For Your Customer. *Journal of Consumer Marketing*, 1985, 2(4): 65-75.

[104] Hennig-Thurau, Thorsten, Markus Groth, Michael Paul, Dwayne D. Gremler. Are All Smiles Created Equal? How Emotional Contagion and Emotional Labor Affect Service Relationships, *Journal of Marketing*, 2006, 70(7): 58-73.

[105] Hess, Ursula, Banse, Rainer, Kappas, Arvid. The Intensity of Facial Expression is Determined by Underlying Affective State and Social Situation. *Journal of Personality and Social Psychology*, 1995, 69(2): 280-288.

[106] Hirshman, E. C., Greenberg, B., Robertson, D. H.. The Intermarket Reliability of Retail Image Research: an Empirical Examination. *Journal of Retailing*, 1978, 54: 3-12.

[107] Hoeffler, Steve, Keller, Kevin Lane. Building Brand Equity through Corporate Societal Marketing. *Journal of Public Policy and Marketing*, 2002, 21: 78-89.

[108] Hofstede, G.. *Culture's consequences: International differences in work-related values*. CA: Sage, Beverly Hills, 1980.

[109] Homburg, C., N. Koschate, et al.. The Role of Cognition and Affect in the Formation of Customer Satisfaction: A Dynamic Perspective. *Journal of* Marketing, 2006, 70(3): 21-31.

[110] Hooghiemstra, R.. Corporate communication and impression management: New perspectives why companies engage in corporate social reporting. *Journal of Business Ethics*, 2000, 27(1): 55-68.

[111] Hsieh M. H, S-L Pan, Rudy Setiono. Product-, Corporate-, and Country-Image Dimensions and Purchase Behavior: A Multicountry Analysis. *Journal of the Academy of Marketing Science*, 2004, 3: 251-270.

[112] Hsieh, Yaolung J., B. W. Young. *Motives of Corporate Philanthropy: A Case Study of Taiwan, the International Association for Business and Society's*. 1996 Annual Conference Proceedings, K. Rehbein ed., March 21-24, Santa Fe, New Mexico, 1996:

253-258.

[113] Huabl G, Elrod T. The Impact of Congruity between Brand Name and Country of Production on Consumers' Product Quality Judgments. *International Journal of Research in Marketing*, 1999, 16: 199-215.

[114] Hung, I. W., R. S. Wyer. Differences in Perspective and the Influence of Charitable Appeals: When Imagining Oneself as the Victim Is Not Beneficial. *Journal of Marketing Research* (JMR), 2009, 46(3): 421-434.

[115] Hunt, S. D., P. L. Kiecker, et al.. Social Responsibility and Personal Success: A Research Note. *Journal of the Academy of Marketing Science*, 1990, 18(3): 236-239.

[116] Incheol Choi, Minkyung Koo, Jong An Choi. Individual Differences in Analytic Versus Holistic Thinking. *Personality and Social Psychology Bulletin*, 2007, 33(5): 691-705.

[117] Ingram, R. W., Frazier, K. B.. Environmental Performance and Corporate Disclosure. *Journal of Accounting Research*, 1980, 33 (5): 614-622.

[118] Isabelle Maignan. Consumers' Perceptions of Corporate Social Responsibilities: a Cross-cultural Comparison. *Journal of Business Ethics*, 2001, 30: 57-72.

[119] Jain, A. K., Etgar, M.. Measuring Store Image through Multidimensional Scaling of Free Responses Data. *Journal of retailing*, 1976, 52(2): 23-32.

[120] James, D. L., Durand, R. M., Dreves, R. A.. The Use of a Multi-Attribute Attitude in a Store Image Study. *Journal of Retailing*, 1976, 52(3): 23-32.

[121] Jan-Benedict E. M. Steenkamp & Inge Geyskens, How Country Characteristics Affect the Perceived Value of Web Sites. *Journal of Marketing*, 2006, 70(7): 136-150.

[122] Jean-Charles Chebat, Witold Slusarczyk. How Emotions Mediate

the Effects of Perceived Justice on Loyalty in Service Recovery Situations: An Empirical Study. *Journal of Business Research*, 2005, 58(5): 664-673.

[123] Ji, L., Nisbett, R. E. *Culture, Language and Relationships vs. Categories in Cognition*. Unpublished manuscript, University of Michigan, Ann Arbor, 2001.

[124] Ji, L., Peng, K., Nisbett, R. E.. Culture, Control, and Perception of Relationships in the Environment. *Journal of Personality and Social Psychology*, 2000, 78: 943-955.

[125] Jill Klein, Niraj Dawar. Corporate Social Responsibility and Consumers' Attributions and Brand Evaluations in a Product-Harm Crisis. *International Journal of Research in Marketing*, 2004, 21: 203-217.

[126] Jin, Z., Chansarkar, B., Kondap, N. M.. Brand Origin in an Emerging Market: Perceptions of Indian Consumers. *Asia Pacific Journal of Marketing*, 2006, 18(4): 283-302.

[127] John, D. R., B. Loken, et al.. Brand Concept Maps: A Methodology for Identifying Brand Association Networks. *Journal of Marketing Research*, 2006, 43(4): 549-563.

[128] Johnson, R. A., D. W. Greening. The Effects of Corporate Governance and Institutional Ownership Types on Corporate Social Performance. *Academy of Management Journal*, 1999, 42: 564-577.

[129] Jones, T., Wicks, A.. Convergent stakeholder theory. *Academy of Management Review*, 1999, 24: 206-221.

[130] Karen L. Becker Olsen, B. Andrew Cudmore, Ronald Paul Hill. the Impact of Perceived Corporate Social Resonsibility on Consumer Behavior. *Journal of Business Research*, 2006, 59: 46-53.

[131] Keller Kevin Lane. Building Customer-Based Brand Equity. *Marketing Management*, 2001, 10(2): 14-20.

[132] Keller, K. L.. Conceptualizing, Measuring, and Managing Customer-Based Brand Equity. *Journal of Marketing*, 1993, 57 (1): 1-22.

[133] Keller, K. L.. Strategic Brand Management: Building, Measuring and Managing Brand Equity. NY: Prentice Hall, 2003.

[134] Kinder, Lydenberg, Domini, & Co.. The Domini 400 Social Index: Statistical Review. *Business in the Community*, 1999, 3 (3): 13-21.

[135] Kirmani, A., Zeithaml, V. A.. Advertising, Perceived Quality, and Brand Image//Aaker, D. A., Biel, A. L.. *Brand Equity & Advertising: Advertising's Role in Building Strong Brands*. Lawrence Erlbaum Associates, Hilldale, NJ, 1993: 143-162.

[136] Klebba, J. M., L. S. Unger.. The Impact of Negative and Positive Information on Source Credibility in a Field Setting. *Advances in Consumer Research*, 1983, 10: 11-16.

[137] Kotler Adrian. Marketing Management: Analysis, Planning, Implementation, and Control (9th.). New York: Prentice-Hall International, Inc, 1997.

[138] Krishna Udayasankar. Corporate Social Responsibility and Firm Size. *Journal of Business Ethics*, 2008, 83: 167-175.

[139] Kyeonghui Kim, Meng Zhang, Xiuping Li. Effects of Temporal and Social Distance on Consumer Evaluations. *Journal of Consumer Research*, 2008, 35(4): 706-713.

[140] Laros F J, Steenkamp J B. Emotions in Consumer Behavior: A Hierarchical Approach. *Journal of Business Research*, 2005, 58 (10): 1437-1445.

[141] Lawson, Robert, Subra Balakrishnan. *Developing and Managing Brand Image and Brand Concept Strategies*. American Marketing Association, Conference Proceeding, 1998, 9: 121-126.

[142] Lee C W, Suh Y G, Moon B J. Product Country Images: The Roles of Country-Of-Origin and Country-Of-Target in Consumers'

Prototype Product Evaluations. *Journal of International Consumer Marketing*, 2001, 13(3): 47-62.

[143] Levy, S. J.. *Marketplace Behavior*. NY: AMACOM, 1978.

[144] Levy, S. J.. Symbols by Which We Buy: Advancing Marketing Efficiency. *American Marketing Association*, 1958(12): 409-416.

[145] Li, Chenyang. The Confucian Ideal of Harmony. *Philosophy East and West*, 2006, 56(4): 583-603.

[146] Lindquist, J. D.. Meaning of Image: Survey of Empirical and Hypothetical Evidence. *Journal of Retailing*, 1974, 50: 29-38.

[147] Longinos Marin, Salvador Ruiz, Alicia Rubio. The Role of Identity Salience in the Effects of Corporate Social Responsibility on Consumer Behavior. *Journal of Business Ethics*, 2009, 84(6): 65-78.

[148] Luna, David, Laura A. Peracchio, Maria D. de Juan. Cross-Cultural and Cognitive Aspects of Web Site Navigation. *Journal of the Academy of Marketing Science*, 2002, 30(4): 397-410.

[149] Luo, X., C. B. Bhattacharya. Corporate Social Responsibility, Customer Satisfaction, and Market Value. *Journal of Marketing*, 2006, 70(4): 1-18.

[150] Luo, X., C. B. Bhattacharya. The Debate over Doing Good: Corporate Social Performance, Strategic Marketing Levers, and Firm-Idiosyncratic Risk. *Journal of Marketing*, 2009, 73(6): 198-213.

[151] Maddox, K. E.. *Corporate Philanthropy*. PhD Dissertation, Vanderbilt University, 1981.

[152] Maignan, Isabelle, David A. Ralston. Corporate Social Responsibility in Europe and the U. S: Insights from Businesses' Self-Presentation. *Journal of International Business Studies*, 2002, 33(3): 497-514.

[153] Marsha L. Richins. Measuring Emotions in the Consumption Experience. *Journal of Consumer Research*, 1997, 24(2):

127-146.

[154]Masuda, T., Nisbett, R. E.. *Culture and Attention to Object vs. Field*. Unpublished manuscript, University of Michigan, Ann Arbor, 2001.

[155]McCartney, H.. Applying Fiction Conflict Situations to Analysis of News Stories. *Journalism Quarterly*, 1987, 64: 163-170.

[156] McCracken, G.. Culture and Consumption: A Theoretical Account of the Structure and Movement of the Cultural Meaning of Consumer Goods. *Journal of Consumer Research*, 1986, 13: 71-84.

[157] McGuire J.. *Business and Society*. New York: McGraw-Hill, 1963.

[158]McWilliams, Abagail, Donald Siegel. Corporate Social Responsibility: A Theory of the MNE Perspective. *Academy of Management Review*, 2001, 26(1): 117-127.

[159]Meznar, M. B., D. Nigh. Buffer or Bridge? Environmental and Organizational Determinants of Public Affairs Activities in American Firms. *Academy of Management Journal*, 1995, 38: 975-996.

[160]Minette E. Drumwright. Socially Responsible Organizational Buying: Environmental Concern as a Noneconomic Buying Criterion. *Journal of Marketing*, 1994, 58(3): 1-19.

[161]Mohr, Lois A., Deborah J. Webb. the Effects of Corporate Social Responsibility and Price on Consumer Responses. *Journal of Consumer Affairs*, 2005, 39(1): 121-147.

[162]Monga, A. B., D. R. John. Cultural Differences in Brand Extension Evaluation: The Influence of Analytic versus Holistic Thinking. *Journal of Consumer Research*, 2007, 33(4): 529-536.

[163]Mrugank V. Thakor, Anne M. Lavack. Effect of Perceived Brand Origin Associations on Consumer Perceptions of Quality. *Journal of Product & Brand Management*, 2003, 12(6): 394-407.

[164]Murray, K. B., Vogel, C. M.. Using a Hierarchy-of Effects Approach to Gauge the Effectiveness of Corporate Social Responsibility to Generate Goodwill Toward the Firm: Financial versus Non financial Impacts. *Journal of Business Research*, 1997, 38: 141-159.

[165]Nebenzahl Id, Jaffe E D, Lampert S I. Towards a Theory of Country Image Effect on Product Evaluation. *Management International Review*, 1997, 37(1): 27-49.

[166] Newman, J. W. New Insights, New Progress, for Marketing. *Harvard Business Review*, 1957, 6(11-12): 100-103.

[167] Arons, L.. Does Television Viewing Influence Store Image and Shopping Frequency. *Journal of Retailing*, 1961, 37: 1-13.

[168]Nisbett, R. E.. *The geography of thought: How Asians and Westerners think differently ... & why*. New York: Free Press, 2003.

[169]Nisbett, R. E. , Peng, K. , Choi, I. , Norenzayan, A.. Culture and Systems of Thought: Holistic versus Analytic Cognition. *Psychological Review*, 2001, 108: 291-310.

[170]Norenzayan, A. , Smith, E. E. , Kim, B. J. , Nisbett, R. E.. Cultural Preferences for Formal versus Intuitive Reasoning. *Cognitive Science*, 2002, 26: 653-684.

[171] Ogilvy, David. Ogilvy on Advertising. New York: Random House, 1983.

[172]Osborn, R. N. , Hunt, J. G. , Jauch, L. R.. Toward a Contextual Theory of Leadership. *The Leadership Quarterly*, 2002, 13: 797-837.

[173] Oxenfeldt, A. R.. Developing a Favorable Price-Quality Image. *Journal of Retailing*, 1975, 50(4): 8-14.

[174] Oyserman, D. , Coon, H. M. , Kemmelmeier, M.. Rethinking Individualism and Collectivism: Evaluation of Theoretical Assumptions and Meta-Analysis. *Psychological Bulletin*, 2002, 128: 63-72.

[175] Papadopoulous. *What Product and Country Images Are and Are Not, Product-Country Images: Impact and Role in International Marketing*. New York: International Business Press, 1993: 3-38.

[176] Park, C W, Jaworski, B J, D J MacInnis. StrategicBrand Concept Image Management. *Journal of Marketing*, 1986, 50: 134-145.

[177] Pava, Moses L., Joshua Krausz. *Corporate Social Responsibility and Financial Performance: The Paradox of Social Cost*. Westport, CT: Quorum Books, 1996.

[178] Pecotich, A., Rosenthal, M. J.. Country of Origin, Quality, Brand and Consumer Ethnocentrism, *Journal of Global Marketing*, 2001, 15(2): 31-60.

[179] Peng, K. Naïve. *Dialecticism and its Effects on Reasoning and Judgment about Contradiction*. Ann Arbor: University of Michigan, 1997.

[180] Peng, K., Nisbett, R. E. Culture, Dialectics, and Reasoning about Contradiction. *American Psychologist*, 1999, 54: 741-754.

[181] Peterson R A, Jol Ibert A J P.. A Meta-Analysis of Country-of-Origin Effects. *Journal of International Business Studies*, 1995, 26(4): 883-898.

[182] Petrova, Petia K., Robert B. Cialdini. Fluency of Consumption Imagery and the Backfire Effects of Imagery Appeals. *Journal of Consumer Research*, 2005, 32(12): 442-452.

[183] Pohlman, A., Mudd, S. Market Image as a Function of Group and Product Type: A Quantitative Approach. *Journal of Applied Psychology*, 1973, 57(2): 167-171.

[184] Pollock, T. G., Rindova, V. P.. Media Legitimation Effects in the Market for Initial Public Offerings. *Academy of Management Journal*, 2003, 46: 631-642.

[185] Preston LE, O'Bannon DP. The Corporate Social-financial Per-

formance Relationship. *Bus. Soc.*, 1997, 36: 419-429.

[186] Pullig, Chiris, Richard G Netemeyer, Abhijit Biswas. Attitude Basis, Certainty, and Challenge Alignment: A Case of Negative Brand Publicity. *Academy of Marketing Science Journal*, 2006, 34(4): 528-542.

[187] Raman NV, Chattopadhyay P, Hoyer WD.. Do Consumers Seek Emotional Situations: the Need for Emotion Scale. *Adv Consum Res*, 195, 22: 537-542.

[188] Ravi Pappu, Pascale G. Quester, Ray W. Cooksey. Consumer-Based Brand Equity: Improving the Measurement-Empirical Evidence. *Journal of Product & Brand Management*, 2005, 14(3): 143-154.

[189] Readon, J., Miller, C., Vida, I., Kim, I. The Effects of Ethnocentrism and Economic Development on the Formation of Brand and Ad Attitudes in Transitional Economies, *European Journal of Marketing*, 2005, 39(7/8): 737-754.

[190] Reed, A., K. Aquino, et al.. Moral Identity and Judgments of Charitable Behaviors. *Journal of Marketing*, 2007, 71 (1): 178-193.

[191] Renkema, J., Hoeken, H.. The influence of negative newspaper publicity on corporate image in the Netherlands. *Journal of Business Communication*, 1998, 35(5): 521-535.

[192] Reynolds, T. J., J. Gutman. Laddering: Extending the Repertory Grid Methodology to Construct Attribute Consequence-Value Hierarchies//R. Pitts, A, Woodside. *Personal values and Consumer Psychology*, Vol. 2. Lexington, MA: Lexington Books, 1984: 155-167.

[193] Rimé, B.. Emotion Elicits the Social Sharing of Emotion: Theory and Empirical Review. *Emotion Review* 2009, 1.

[194] Robin, Donald P., R. Eric Reidenbach.. Social Responsibility, Ethics, and Marketing Strategy: Closing the Gaps between

Concept and Application. *Journal of Marketing*, 1987, 51(11): 44-58.

[195] Rindova, V. P., T. G. Pollock, et al.. Celebrity Firms: the Social Construction of Market Popularity. *Academy of Management Review*, 2006, 31(1): 50-71.

[196] Robertson, K.. Strategically Desirable Brand Name Characteristics. *Journal of Consumer Marketing*, 1989, 1(3): 61-71.

[197] Sagarin, E.. Positive deviance: An oxymoron. *Deviant Behavior*, 1985, 6(1): 169-181.

[198] Schimmack, U., Oishi, S., Diener, E.. Individualism: A Valid and Important Dimension of Cultural Differences between Nations. *Personality and Social Psychology Review*, 2005, 9: 17-31.

[199] Schooler. Product Bias in the Central American Common Market. *Journal of Marketing Research*, 1965: 394-397.

[200] Schultz, Wolfram, Peter Dayan. A Neural Substrate of Prediction and Reward. *Science*, 1997, 275(5306): 1593-1600.

[201] Sen, S., C. B. Bhattacharya. Does Doing Good Always Lead to Doing Better? Consumer Reactions to Corporate Social Responsibility. *Journal of Marketing Research* (JMR), 2001, 38(2): 225-243.

[202] Shklar, Judith N. Ordinary Vices. Cambridge, MA: Belknap, 1984.

[203] Sidowski, Joseph B.. Reward andPunishment in a Minimal Social Situation. *Journal of Experimental Psychology*, 1957, 54(5): 318-326.

[204] Sidowski, Joseph B., Wyckoff, L. Benjamin, Tabory, Leon. The Influence of Reinforcement and Punishment in a Minimal Social Situation. *The Journal of Abnormal and Social Psychology*, 1956, 52(1): 115-119.

[205] Simpson WG, Kohers T. The LinkBetween Corporate Social and Financial Performance: Evidence from the Banking Industry. *J. Bus. Ethics*, 2002, 35: 97-109.

[206] Singh SN, Lessing PV, Kim D. Does Your ad Have too Many Pictures. *J Advert Res*, 2000, 40: 11-27.

[207] Sirgy, M. J. UsingSelf-congruence and Ideal Congruence to Predict Purchase Motivation. *Journal of Business Research*, 1985, 13: 195-206.

[208] Small, D. A., N. M. Verrochi. The Face of Need: Facial Emotion Expression on Charity Advertisements. *Journal of Marketing Research* (JMR), 2009, 46(6): 777-787.

[209] Smith, Craig N. Corporate Social Responsibility: Whether or How. *California Management Review*, 2003, 45(4): 52-76.

[210] Smith, M.. SocialSituation, Social Behavior, Social Group. *Psychological Review*, 1945, 52(4): 224-229.

[211] Snow DA, Benford RD.. Clarifying the Relationship between Framing and Ideology in the Study of Social Movements: a Comment on Oliver and Johnston. *Mobilization*, 2000, 5: 15-24.

[212] Spreitzer, Gretchen M. , Scott Sonenshein. Toward the Construct Definition of Positive Deviance. *American Behavioral Scientist*, 2004, 47: 828-847.

[213] Stanwick, Peter A., Sarah D. Stanwick. The Relationship between Corporate Social Performance and Organizational Size, Financial Performance, and Environmental Performance: An Empirical Examination. *Journal of Business Ethics*, 1998, 17(2): 195-204.

[214] Steenkamp, J. -B. E. M., M. G. de Jong. A Global Investigation into the Constellation of Consumer Attitudes toward Global and Local Products. *Journal of Marketing*, 2010, 74(6): 18-40.

[215] Stender, Steem, Jørn Dyerberg, Arne Astrup. High Levels of Industrially Produced Trans Fat in Popular Fast Foods. *New*

England Journal of Medicine, 2006, 354(15): 1650-1652.

[216] Stephen Brammer, S., A. Millington. Firm Size, Organizational Visibility and Corporate Philanthropy: An Empirical Analysis. *Business Ethics: A European Review*, 2006, 15: 6-18.

[217] Su, Eunkook M.. Culture, Identity Consistency, and Subjective Well-Being. *Journal of Personality and Social Psychology*, 2002, 83(6): 1378-1391.

[218] Suri R, Monroe KB. The Effects of Need for Cognition and Trait Anxiety on Price Acceptability. *Psychol Mark*, 2001, 18: 21- 42.

[219] Susan Fournier. Consumers and Their Brands: Developing Relationship Theory in Consumer Research. *Journal of Consumer Research*, 1998, 24(4): 343-353.

[220] Swanson, Diane L.. Addressing a Theoretical Problem by Reorienting the Corporate Social Performance Model. *Academy of Management Review*, 1995, 20(1): 43-64.

[221] Swartz, Teresa A.. Brand Symbols and Message Differentiation. *Journal of Advertising Research*, 1983, 23(5): 59-64.

[222] Thomson M, Macinnis D J, Park C W.. The Ties That Bind: Measuring the Strength of Consumers' Emotional Attachments to Brands. *Journal of Consumer Psychology*, 2005, 15(1): 77-91.

[223] Valenzuela, A. N. A., B. Mellers, et al.. Pleasurable Surprises: A Cross-Cultural Study of Consumer Responses to Unexpected Incentives. *Journal of Consumer Research*, 2010, 36(5): 792-805.

[224] Votolato, Nicole, Rao Unnava.. Spillover of Negative Infornation on Brand Alliances. *Journal of Consumer Psychology*, 2006, 16(2): 196-202.

[225] Wagner, T., R. J. Lutz, et al.. Corporate Hypocrisy: Overcoming the Threat of Inconsistent Corporate Social Responsibility Perceptions. *Journal of Marketing*, 2009, 73(6): 77-91.

[226] Walton, Clarence. *Corporate Social Responsibilities*. Belmont, CA: Wadsworth Publishing, 1967.

[227] Wattanasuwan, K.. The Self and Symbolic Consumption. *Journal of American Academy of Business*, 2005, 6(1): 179-184.

[228] White, K., J. Peloza. Self-Benefit Versus Other-Benefit Marketing Appeals: Their Effectiveness in Generating Charitable Support. *Journal of Marketing*, 2009, 73(4): 109-124.

[229] Winterich, K. P., V. Mittal, et al.. Donation Behavior toward In-Groups and Out-Groups: The Role of Gender and Moral Identity. *Journal of Consumer Research*, 2009, 36(2): 199-214.

[230] Witkin, H. A., Dyk, R. B., Faterson, H. F., Goodenough, D. R., Karp, S. A.. *Psychological differentiation*. Potomac, MD: Lawrence Erlbaum, 1974.

[231] Yeosun Yoon, Zeynep Gurhan-Canli, Norbert Schwarz. *Negative Consequences of Doing Good: the Effects of Corporate Social Responsibility*(CSR). working paper, Jones School of Business Administration, Rice University, Houston, TX, 2003.

[232] Yongjun Sung, Spencer F. Tinkham. Brand Personality Structures in the United States and Korea: Common and Culture-Specific Factors. *Journal of Consumer Psychology*, 2005, 15(4): 334-350.

[233] Zahra, S. A., M. S. LaTour. Corporate Social Responsibility and Organizational Effectiveness: A Multivariate Approach. *Journal of Business Ethics*, 1987, 6(6): 459-467.

[234] Zhang Y, Buda R.. Moderating Effects of Need for Cognition on Responses to Positively versus Negatively Framed Advertising Messages. *J Advert*, 1999, 28: 1-15.

[235] Zhou, R., D. Soman. Looking Back: Exploring the Psychology of Queuing and the Effect of the Number of People Behind. *Journal of Consumer Research*, 2003, 29(4): 517-530.

[236]艾森克，基恩．认知心理学(第4版)．高定国，肖晓云，译.

上海：华东师范大学出版社，2004.
[237]彼得·F. 德鲁克. 管理——任务、责任、实践. 孙耀君，等，译. 北京：中国社会科学出版社，1987：81-82.
[238]陈业玮. 情感依恋对企业社会责任和消费者忠诚意向的影响机制研究. 浙江工商大学学位论文，2010.
[239]范忠信. 情理法与中国人. 北京：人民大学出版社，1992：26-28.
[240]方正. 可辩解型产品伤害危机对顾客购买意愿的影响研究. 四川大学学位论文，2007.
[241]费显政，李陈微，周舒华. 一损俱损还是因祸得福？企业社会责任声誉溢出效应研究. 管理世界，2010(4)：74-82.
[242]费孝通. 乡土中国. 上海：上海人民出版社，2007.
[243]高辉，郝佳，周懿瑾，许娟娟. 洋名好还是土名好——中国仿洋和仿古品牌命名研究. 商业经济与管理，2010(10)：61-68.
[244]戈夫曼. 日常生活中的自我呈现. 冯钢，译. 北京：北京大学出版社，2008.
[245]何友晖，彭泗清，赵志裕. 世道人心：对中国人心理的探索. 北京：北京大学出版社，2007：178-180.
[246]黄静，王新刚，张司飞，周南. 企业家负面行为对品牌形象的影响. 管理世界. 2010(5)：96-107.
[247]黄静，童泽林，王新刚. 企业家前台行为偏离的分类界定及测量. 商业经济与管理，2011(11)：30-35.
[248]黄敏学，李小玲，朱华伟. 企业逼捐现象剖析：是大众无理还是企业无良. 管理世界，2008(10)：68-81.
[249]李海芹，张子刚. CSR 对企业声誉及顾客忠诚影响的实证研究. 南开管理评论，2010，13(1)：90-98.
[250]李正. 企业社会责任与企业价值的相关性研究. 中国工业经济，2006(2)：78-83.
[251]里奇·W. 格里芬. 实用管理学. 杨洪兰，康芳仪，译. 上海：复旦大学出版社，1989.

[252]梁建宁. 当代认知心理学. 上海：上海教育出版社，2003.
[253]凌文辁，郑晓明，方俐洛. 社会规范的跨文化比较. 心理学报，2003(2)：246-254.
[254]马庆强. 中国之感性与认知方面的道德发展：一个七阶段发展理论. 本土心理学研究，1997(7)：166-212.
[255]斯蒂芬·P. 鲁宾斯. 管理学(第七版). 李自杰，刘畅，赵众一，译. 北京：中国人民大学出版社，2004.
[256]王海忠. 消费者民族中心主义的中国本土化研究. 南开管理评论，2003(4)：33-38.
[257]温素彬，方苑. 企业社会责任与财务绩效关系的实证研究. 中国工业经济，2008(10)：150-160.
[258]吴佳辉，林以正. 中庸思维量表的编制. 本土心理学研究，2005(24)：247-300.
[259]谢佩洪，周祖城. 中国背景下 CSR 与消费者购买意向关系的实证研究. 南开管理评论，2009，12(1)：64-70.
[260]徐克谦. 从中字的三重含义看中庸思想. 台北：孔孟月刊，1998(37)：5-9.
[261]许正良，刘娜. 基于持续发展的企业社会责任与企业战略目标管理融合研究. 中国工业经济，2008(9)：129-140.
[262]杨国枢，余安邦. 中国人的心理与行为：理念与方法篇. 台北：桂冠图书公司，1992.
[263]杨国枢，黄光国，杨中芳. 华人本土心理学. 重庆：重庆大学出版社，2008.
[264]杨中芳. 如何理解中国人. 台北：远流出版公司，2001.
[265]杨中芳. 人际关系与人际情感的构念化. 本土心理学研究，1999(12)：32-39.
[266]杨中芳. 中国人的人际关系、情感与信任. 台北：远流出版公司，1999.
[267]余秋雨. 文化苦旅. 上海：东方出版中心，2003.
[268]张岱年. 中国哲学大纲. 北京：中国社会科学出版社，1997.
[269]赵志裕. 中庸思维的测量. 香港社会科学学报，2000(18)：

33-55.
[270]周延风，罗文恩，肖文建. 企业社会责任行为与消费者响应. 中国工业经济，2007(3)：62-69.

后　记

长期以来，企业社会责任行为是一个备受争议的话题，受到学者、企业和消费者的广泛关注。然而，由于企业社会责任的理论探索还在起步阶段，目前我们依然无法对市场导向逻辑下 CSR 行为规范及其管理做具体清晰的描述，因此，要想建立完整的 CSR 行为规范管理体系还有很长的路要走。

本人在书稿的写作过程中，总感觉心有余而力不足。理论知识和实践经验方面积累得不够，使得研究和写作充满波折。有幸的是，在项目的申报和书稿的写作过程中，从论文选题到模型框架的构建，从撰写修改到最终成稿，都得到身边老师、亲人、同事及朋友的激励和帮助。每当我在写作过程中因没有方向而产生困惑和焦虑时，总会有人在关键的节点上指点迷津，让书稿最终得以完成。

我要感谢教研室同事张新国、汤定娜、宁昌会、费显政、刘晓峰、杜鹏、冯小亮、樊帅等老师，正是同事们的帮助才让我有足够的时间思考和完成本书稿的写作。尤其是感谢宁昌会、费显政、刘晓峰、冯小亮和樊帅老师，他们不仅对书稿研究框架的完善及写作过程中所存在的问题提出了宝贵的意见，有时还帮忙代课、处理教学和行政方面的事务。他们的帮助让我专心，而不是分心，同时也鞭策和鼓励我完成本书稿。

同时，我要感谢香港城市大学周南和苏晨汀教授，是他们无私的奉献，使得我不断地学习，不断地进步。尤其是周南老师，在我遇到困难的时候鼓励我，在我遭受怀疑的时候支持我，在我犹豫不决的时候指点我，使得我不断增强自己在学术研究这条道路上的信心，才会在专业上逐渐有了小小的进步。

我还要感谢毕业于武汉大学经济与管理学院市场营销专业的师弟师妹们。他们是北方工业大学的童泽林、湖南大学的周玲和王峰、中南大学的张琴、华中科技大学的周元元等，正是他们多次在学术研讨会上给我提建议，才有今天书稿的完成。尤其是北方工业大学的童泽林和湖南大学的王峰，多次分别从北京和长沙来武汉相聚，进行研讨。他们在学术研究上都非常优秀，正是他们的优秀不断促使我更加努力，以期不掉队，才使得本次项目申报得以成功，才能够顺利完成本书稿。

最后，我要特别感谢我的妻子李祖兰。生活上她用执著和真诚给了我一个家，用辛勤和体贴创造我们的未来。学术上她经常提出很多建设性的意见，没有祖兰的支持和帮助，此书稿难以完成。

谨以此书献给我一周岁的女儿王奕杰，因为有你，我的人生才完整！

王新刚

2015 年 5 月于小南湖